Cúirt an Mheán Oíche

Cúirt an Mheán Oíche

Tom Mac Intyre

Cois Life Teoranta
Baile Átha Cliath

An chéad chló 1999
Foilsithe ag Cois Life Teoranta
© Tom Mac Intyre

ISBN 1 901176 15 0

Tá na sleachta sa dráma bunaithe ar *Cúirt an Mheon-Oíche*
in eagar ag Liam P. Ó Murchú (An Clóchomhar, 1982).

Clúdach: Eoin Stephens
Grianghraf an Chlúdaigh: Red Dog, le caoinchead
                         Amharclann na Mainistreach
Clóbhualadh: Criterion Press

Tá Amharclann na Mainistreach agus COIS LIFE araon
an-bhuíoch den Chomhairle Ealaíon as an gcúnamh
airgid a fhaigheann siad.

CÚIRT AN MHEÁN OÍCHE

le Tom Mac Intyre

*Amharclann na Mainistreach a léirigh an dráma seo den chéad uair
sa Taibhdhearc, Gaillimh, 19 Deireadh Fómhair 1999.
Tionóladh an chéad léiriú don phreas 20 Deireadh Fómhair 1999.*

Stiúrthóir: Michael Harding

AOIBHEALL:	Bríd Ní Neachtain
AN BÁILLE:	Síle Nic Chonaonaigh
AN LEANNÁN SÍ:	Ríonach Ní Néill
AN BHEAN:	Karen Ardiff
AN SEANDUINE:	Brendan Conroy
AN FILE:	Tomás Ó Súilleabháin
AN FEAR LEIGHIS:	Malachy Mc Kenna
AN SAGART:	Peadar Cox
SIR HENRY:	Barry Barnes
AN CINSIRE:	Niall Ó Sioradáin
BRÍD:	Leslie Conroy
MERRIMAN (TAIBHSE):	Peadar Cox

Dearthóir:	Joanna Taylor
Dearthóir Soilsithe:	Paul Keogan
Ceol:	Steve Wickham
Córagrafaí:	Finola Cronin
Comhairleoir Teanga:	Eilín Ní Bheaglaoich

Tom Mac Intyre *Drámadóir*

File agus drámadóir is ea Tom. Léiríodh drámaí dá chuid in Amharclann na Mainistreach, ina measc **Caoineadh Airt Uí Laoghaire** a léiríodh i 1998 agus a d'fhoilsigh Cois Life i 1999. Is scríbhneoir próis é chomh maith agus d'fhoilsigh Gallery Press gearrscéalta dá chuid faoin teideal **Selected Stories**. Ar na leabhair eile atá scríofa aige tá **Ag Caint leis an mBanríon**. Tá sé ina bhall de Aosdána le tamall de bhlianta anuas.

Michael Harding *Léiritheoir*

Is é an dráma is déanaí a chum Michael ná **Amazing Grace** a léiríodh sa Phéacóg i 1998. Ar na drámaí eile atá scríofa aige tá **Una Pooka, Misogynist, Sour Grapes, The Kiss, Strawboys** agus **Hubert Murray's Widow**. Foilsíodh dhá leabhar ficsin leis: **Priest** agus **The Trouble with Sarah Gullion**. Cé gur fearr an aithne atá air mar dhrámadóir agus mar údar, rinne sé léiritheoireacht cheana le haghaidh Red Kettle Theatre Company agus The Project Arts Centre. Is é seo an chéad uair ar léirigh sé dráma san Amharclann Náisiúnta.

Joanna Taylor *Dearthóir*

Sa Central/St. Martin's School of Art and Design i Londain a fuair Joanna a cuid oiliúna. Ó tháinig sí go hÉirinn tá dearthóireacht déanta aici sna príomhionaid amharclannaíochta ar fud na tíre. Le tamall anuas tá baint aici le dearadh ceoldrámaí, go háirithe **The Magic Flute** le haghaidh OTC, **Cinderella** le Maxwell Davies le haghaidh an Royal Flemish Opera, Antwerp agus **The Pied Piper**, ceoldráma do leanaí, san Áirc i mBarra an Teampaill. D'oibrigh sí le Michael Harding den chéad uair anuraidh nuair a dhear sí a dhráma **Amazing Grace** sa Phéacóg mar chuid d'Fhéile Drámaíochta Bhaile Átha Cliath.

Paul Keogan *Dearthóir Soilsithe*

Rugadh Paul i mBaile Átha Cliath agus rinne sé staidéar ar an Drámaíocht in Ionad Samuel Beckett i gColáiste na Tríonóide agus in Ollscoil Ghlaschú. Tar éis dó an chéim a bhaint amach d'oibrigh sé mar dhearthóir soilsithe le compántais rince éagsúla sular thosaigh sé ag obair in The Project Arts Centre mar Bhainisteoir Léirithe ó 1994 go dtí 1996. Ar na drámaí ar dhear sé an soilsiú dóibh tá: **Down onto Blue, Danti Dan** agus **Mrs Sweeney** le Rough Magic, **The Silver Tassie** le The Almeida Theatre, **The Gay Detective** le The Project, **Electroshock** agus **Quartet** le Bedrock, **The Duchess of Malfi, The Spanish Tragedy** agus **The White Devil** le Loose Canon, **When the Wall Came Down** le Storyteller, **Melonfarmer, The Electrocution of Children, Amazing Grace, The Passion of Jerome, Living Quarters** agus **Making History** leis an bPéacóg, **The Whiteheaded Boy** le Barabbas agus **Much Ado**

about Nothing le Bickerstaffe i gCaisleán Chill Chainnigh. Ar a shaothar ceoldrámaíochta tá **La Bohème, L'Elisir d'Amore** agus **The Marriage of Figaro** le Opera Ireland, **La Traviata** le Co-Opera, **That Dublin Mood, The Lighthouse** agus **The Rakes Progress** le OTC. Ar a shaothar don damhsa tá **Ballads, Seasons** agus **Straight with Curves** le CoisCéim, **Sweat** agus **Beautiful Tomorrow** le Mandance, **Three Piece Suite** agus **Chimera** le Daghda agus **SAMO** le Blok & Steel. Le déanaí dhear sé **Angel-Babel** le Operating Theatre, **Quay West** le Bedrock, **Hamlet** le Loose Canon, **The Wishing Well** teilgean solais amuigh faoin spéir i gCill Chainnigh agus **Without Hope or Fear** le Mandance.

Steve Wickham *Ceol*
Rugadh Steve i mBaile Átha Cliath i 1960 agus thosaigh sé ag seinm ceoil nuair a bhí sé trí bliana d'aois. Rinne sé staidéar ar an bhfidil le Nell Kane i gColáiste an Cheoil, Chatham Row. Rinne sé taifeadadh le cuid de na réaltaí is cáiliúla ar domhan: U2, Bob Dylan, Elvis Costello, Sinéad O'Connor agus Maria McKee, mar shampla. Roghnaíodh é mar Stag/Hotpress Musician of the Year i 1986. Bhí sé ina bhall de The Waterboys ar feadh sé bliana sna 1980í agus chum sé roinnt amhrán ina dteannta, ina measc **Fisherman's Blues** a úsáideadh le déanaí sa scannán **Waking Ned**. D'oibrigh Steve le Tom Mac Intyre i 1998 nuair a chum sé an ceol do **Caoineadh Airt Uí Laoghaire**. Tá sé díreach tar éis fuaimrian a chríochnú le haghaidh gearrscannáin ó Cheanada **Pokernight**. Seinneann sé raon leathan uirlisí, ina measc: an fhidil, an giotár, an didgeridoo, an kalimba agus an chláirseach.

Finola Cronin *Córagrafaí*
Córagrafaí agus rinceoir. Bunaitheoir The Dublin Contemporary Dance Theatre (stiúrthóir Joan Davis). D'oibrigh sí i Londain le Richard Alston agus go forleathan sa Ghearmáin le compántas Vivienne Newport in Frankfurt agus le Tanztheater Wuppertal (stiúrthóir Pina Bausch). Chomhoibrigh sí le Bausch chun ceithre nuashaothar a chruthú: **Viktor, Ahnen, Palermo** agus **Tanzabend 2**. Chomhoibrigh siad arís ar an scannán **Lament of the Empress** agus bhí an iliomad príomhrólanna aici i repertoire leathan an chompántais. Rinne sí obair san Amharclann Náisiúnta cheana nuair a bhí sí ina córagrafaí ar **The Chirpaun** le Tom Mac Intyre. Tá sí ina hEalaíontóir Cónaitheach Rince in Ollscoil na hÉireann, Baile Átha Cliath i láthair na huaire.

Eilín Ní Bheaglaoich *Comhairleoir Teanga*
As Gaeltacht Chiarraí di. Tá cónaí uirthi i nDún Búinne, Co. na Mí agus bíonn sí ag plé le cúrsaí Gaeilge le haisteoirí, le lucht léinn agus craolacháin agus ag scríobh d'irisí. déanann sí obair ar scripteanna teilifíse agus scannán chomh maith. Ina saineolaí ar Ghaeilge na Mumhan go háirithe.

Karen Ardiff AN BHEAN

Rugadh Karen Ardiff i mBaile Átha Cliath. Céimí de chuid Ionad Samuel Beckett i gColáiste na Tríonóide is ea í. Ar a cuid oibre don stáitse áirítear Doris in **The Ash Fire** le Pigsback Theatre Company (Féile Drámaíochta Bhaile Átha Cliath agus Tricycle Theatre, Londain); Anya in **The Cherry Orchard**, Vera in **A Month in the Country** agus Mary in **The Seagull** (Gate Theatre), Eppie in **Silas Marner** le Storytellers (turas timpeall na hÉireann); Valerie in **Coriolanus**, Emilia/Mopsa in **The Winter's Tale** le The English Shakespeare Company (Aldwych, Londain) agus ar turas san India, sa tSeapáin, san Ostair, san Fhionnlainn agus sa Ghearmáin. Rinne sí obair i nGaeilge d'Amharclann de hÍde: Nóirín in **An Solas Dearg**, Peig in **Ceacht Houdini** agus Sian in **Milseog an tSamhraidh**. In Amharclann na Mainistreach rinne sí páirt Mercy Lewis in **The Crucible**, Molly Byrne in **The Well of the Saints** (agus ar turas go Gaillimh agus go Páras), Moya Llewelen Davis, Kitty Kiernan agus Hazel Lavery in **Good Evening, Mr. Collins** sa Phéacóg agus ar turas náisiúnta, Suzanne in **The Marriage of Figaro**, Mary Callan in **Tarry Flynn** (Amharclann na Mainistreach agus The National Theatre, Londain), Eibhlín Dubh in **Caoineadh Airt Uí Laoghaire** (sa Phéacóg agus ar turas timpeall na Gaeltachta), Lucy in **The Rivals**, Cat in **Love in the Title** (a rinne camchuairt na hÉireann chomh maith) agus Noreen O'Connell in **Judas of the Gallarus**. Rinne sí páirt Leslie le déanaí in **Her Big Chance** le Alan Bennett in Bewley's Café Theatre. Teilifís agus Scannáin: **Nighthawks, Would You Believe, Cúrsaí Ealaíne, First Tuesday, The Long Way Home, September, Glenroe, Upwardly Mobile, Ballykissangel** agus páirt Mrs. Kearney in **This is My Father**, an scannán a rinne na deartháireacha Quinn.

Barry Barnes SIR HENRY

Rinne Barry staidéar sa Gaiety School of Acting i 1986 faoi stiúir Joe Dowling. Bhí sé le feiceáil in an-chuid drámaí ó shin ina measc: **Borstal Boy, John Bull's Other Island, Juno and the Paycock** (Gaiety), **The Caretaker** (Focus), **Twelfth Night** agus **The Shadow of a Gunman** (Gate), **The Silver Tassie** agus **You Can't Take it with You** (Amharclann na Mainistreach). D'oibrigh sé le compántais éagsúla, ina measc Pigsback in **Red Roses and Petrol** agus le Rough Magic, le hAmharclann de hÍde, le Druid agus le 7:84 in nGlaschú. Bhí sé páirteach i gcamchuairt roinnt drámaí timpeall na tíre, sa Bhreatain agus i Meiriceá. Le hAmharclann na Péacóige rinne sé páirteanna in **The Invisible Mending Company, Ceacht Houdini, The Cavalcaders** (dráma a chuaigh ar stáitse an Royal Court chomh maith), **Sour Grapes** agus le déanaí **The Passion of Jerome**. Bhí sé in **The Freedom of the City** (a chuaigh ar cuairt go dtí an Lincoln Centre i Nua Eabhrac) agus in **An Ghráin** agus an Ghruaim (Amharclann de híde). Teilifís agus scannáin: **Fair City** (RTÉ), **The Hanging Gale** (BBC), **Painted Lady**, **Moll Flanders** agus **Michael Collins**.

Brendan Conroy *AN SEANDUINE*

Rugadh é i dTuaim, Co. na Gaillimhe. Bhí roinnt rólanna aige le hAmharclann na Mainistreach ina measc Tadhg in **The Field** a chuaigh ar turas go dtí an Rúis, Harlequin in **Mandragola**, Judas in **Calvary**, Jay Feeney in **A Little Like Paradise** agus an t-oifigeach IRA in **The Hostage**. Le compántas Red Kettle bhí sé i bpáirt Dr. Prentice in **What the Butler Saw**, Matt Talbot in **Talbot's Box** ar turas, Manus in **Translations**, Griffin in **Moonshine** le Jim Nolan agus Horst in **Bent**. Bhí páirt aige san iliomad léirithe de chuid Druid, ina measc **Dracula**, **Famine**, agus **The Beggars Opera**. Rinne sé turas na hÉireann le Storytellers nuair a bhí an teidealpháirt aige in **Silas Marner**. Rinne sé Joxer in **Juno and the Paycock** le haghaidh an Northern Stage sa Newcastle Playhouse, Da in **The Drum** le Tony Kavanagh agus Peter sa léiriú a rinne Meridian ar **The Rock Station**. Le déanaí bhí sé i bpáirt Casimir in **Uaisle** le Brian Friel sa Taibhdhearc, bhí sé in **At Swim-Two-Birds** sa Phéacóg agus in **Deoraíocht** le Macdara Ó Fatharta. Teilifís agus Scannáin: **The Butcher Boy, The General, Ballroom of Romance, Glenroe, Bracken, The Bounty, Revolution, The Lilac Bus, Sailor Town, Ailsa, A Man of No Importance** agus **The Secret of Roan Inis**. Bhí sé i bpáirt Peter Cadogan in **The Irish RM**. Thosaigh sé a chuid léiritheoireachta ar **The Price** le Arthur Miller agus ina dhiaidh sin léirigh sé **The Guernica Hotel** le Jim Nolan le haghaidh Red Kettle. Bíonn sé le feiceáil go rialta in **Ros na Rún** ar TG4.

Lesley Conroy *BRÍD*

Tá céim B.A. ag Lesley ó UCC agus fuair sí a hoiliúint i gColáiste na Tríonóide sa Samuel Beckett Centre. I measc a cuid oibre amharclainne tá páirteanna in: **Caoineadh Airt Uí Laoghaire, Something in the Way** (Amharclann na Mainistreach), **An Ghráin agus an Ghruaim, An Triail, Milseog an tSamhraidh** (Amharclann de híde), **I like Armadillos** (Brasstacks), **The Spanish Tragedy, The Duchess of Malfi, Woyzeck** (Loose Canon), **Medea Material** (Bedrock), **Animal Farm, A Clockwork Orange** (Corcadorca). Teilifís agus Scannáin: **Kaisleán Klaus, Saltwater, Short, Brothers in Arms** agus **Angel Mooney Dies Again.**

Peadar Cox *TAIBHSE (MERRIMAN)*

Roinneann Peadar a chuid ama idir an aisteoireacht agus an scríbhneoireacht. Ar a chuid oibre don stáitse tá na páirteanna seo a leanas: Dr Dorn in **The Seagull**, an Frontier Guard in **Lament for Arthur Cleary**, McKeever in

Moonshine, Judge Taylor in **To Kill a Mockingbird**, Tom in **Red Roses and Petrol**, Joxer in **Juno and the Paycock**, Byrne in **Big Maggie**, Baron Elberfeld in **The Sound of Music** agus Sultan in **Aladdin**. Tá suim aige i gceoldrámaí chomh maith agus ghlac sé páirt in **Yeomen of the Guard** i gCionn tSáile agus in **La Traviata, Carmen** agus **HMS Pinafore** san Opera House i gCorcaigh, áit a raibh sé ina léiritheoir cúnta ar léiriú de **L'Elisir d'Amore**. Scríobh Peadar an script ardmholta don gheamaireacht **Mother Goose** san Everyman Theatre i gCorcaigh anuraidh agus bíonn sé le feiceáil ar TG4 go minic mar glacann sé páirt go rialta in **C.U. Burn, Gleann Ceo, Kaisleán Klaus**, agus **Pop TV an tSamhraidh**.

Malachy McKenna *AN FEAR LEIGHIS*

I Stiúideo Stanislavski a fuair Malachy a chuid oiliúna. Le linn dó a bheith ag aisteoireacht leis an Lissadell Theatre Company ghlac sé páirt Maurice in **Big Maggie**, Gary Evans in **Dancing at Lughnasa**, Kevin in **Many Young Men of Twenty**, Derek in **Once a Catholic** agus Sgt. Tinley in **The Plough and the Stars**. Sa Focus Theatre bhí sé páirteach in **Talk To Me Like The Rain, Precious Sons, Garden District** agus **Death of a Dog**. D'oibrigh sé le Theatreworks i bpáirt Adonis in **Venus and Adonis** agus i bpáirt Troilus in **Troilus and Cressida**. Chomh maith leis sin, ghlac sé páirt Austin in **True West** le Lughnasa Productions. Le hAmharclann na Mainistreach ghlac sé páirt an Gheallghlacadóra in **Caoineadh Airt Uí Laoghaire**. Teilifís agus Scannáin: **Michael Collins, Some Mother's Son, The Ballingale Mystery, Racing Homer, Ballyseedy, Fair City** (RTÉ) agus **Gleann Ceo** (TG4).

Síle Nic Chonaonaigh *AN BÁILLE*

Ón Spidéal di ó dhúchas. D'fhreastail Síle ar an Samuel Beckett Centre i gColáiste na Tríonóide. I measc a cuid oibre don stáitse ghlac sí páirt Hermia in **A Midsummer Night's Dream** agus Mrs. Rafi in **The Sea** (Samuel Beckett Centre), deirfiúr Airt in **Caoineadh Airt Uí Laoghaire**, The Old Woman in **Swans, Boots and Boxes** (Amharclann na Péacóige), Cáit in **Milseog an tSamhraidh** (Amharclann de hÍde), Brigid in **Eclipsed** (Town Hall, Gaillimh), Nellie in **The Desert Lullaby** (Lyric, Béal Feirste), Dolores in **Yerma** (Na Fánaithe), Síle in **Lá Breá** (An Taibhdhearc). Teilifís: **An Triail** (RTÉ), **Rúille Búille** (SinSin!) **Ó Ghlúin go Glúin** (EO Teilifís) agus, faoi láthair, páirt Nessa in **Glenroe** (RTÉ).

Bríd Ní Neachtain *AOIBHEALL*

Bhí Bríd ina ball de Chompántas Amharclann na Mainistreach go dtí Samhradh na bliana 1999. Ghlac sí páirt san iliomad drámaí, ina measc **Translations, The Playboy of the Western World, Dancing at Lughnasa** (a chuaigh ar cuairt go dtí Londain agus Nua Eabhrac), agus páirt Chaitríona

Pháidín in **Cré na Cille**. Chonacthas í sna scannáin **Family** (BBC/RTÉ), agus **Lip Service** (buaiteoir ag an bhFéile Scannánaíochta Cheilteach 1999). Le trí bliana anuas bhí sí le feiceáil ar TG4 i bpáirt Rita in **Ros na Rún**. Ghlac sí páirt na Spéirmhná sa leagan de **Chúirt an Mheán Oíche** a chóirigh Siobhán Nic Cionnaith i 1987.

Ríonach Ní Néill *AN LEANNÁN SÍ*

Rugadh agus tógadh Ríonach i mBaile Átha Cliath, áit ar thosaigh sí ag damhsa nuair a bhí sí trí bliana d'aois. Tar éis di dochtúireacht a bhaint amach sa tíreolaíocht chathrach in Ollscoil na hÉireann, Baile Átha Cliath, fuair sí scoláireachtaí ón gComhairle Ealaíon agus ó Bhardas Átha Cliath chun traenáil a dhéanamh sa damhsa comhaimseartha. D'oibrigh sí le compántas damhsa Daghda mar rinceoir agus mar stiúrthóir cúnta ó 1997 go dtí 1999. Bhí sí ina córagrafaí cúnta ar **Clann Lir** a léirigh Siamsa Tíre agus bhí sí ag rince le Rubato Ballet agus Paul Johnson/Mandance chomh maith. Tá sí ina ball den chompántas rince New Balance atá ag obair leis an gcóragrafaí Kim Brandstrup (Arc Dance Company). I mbliana chaith Ríonach tréimhse i gConamara ina Rinceoir Cónaitheach le Pléaráca, ag múineadh agus ag córagrafaíocht. I dteannta an rinceora sean-nóis Seosamh Ó Neachtain chruthaigh sí díséad le haghaidh Pléaráca Chonamara.

Niall Ó Sioradáin AN CINSIRE

Bhí Niall le feiceáil ar an ardán in **Borstal Boy** (Gaiety), **The Wounds of Art** (New Balance Dance Co.), **Isabella The Movie** (Project Arts Centre), **Suburbia** (Lughnasa), **Monday Night in a Country Town, Hungry for Love, Single White Male, Scenes from a Haemorrhage** agus **A Midsummer Night's Dream** (Íomhá Ildánach), **Caoineadh Airt Uí Laoghaire** agus **At Swim-Two-Birds** (Amharclann na Péacóige). Bhí sé le feiceáil ar na mallaibh in **New World Order** agus **The Libertine** (Íomhá Ildánach). Teilifís agus Scannáin: Bhí páirt an tréidlia, Owen aige in **Rós na Rún** (TG4), **Aqua** (TG4), **TX, Beo le Brídóg, Nighthawks** agus **Scaoil Amach an Bobailín** (RTÉ). Tá se le feiceáil chomh maith in **At Death's Door**, gearrscannán le Conor Morrissey.

Tomás Ó Súilleabháin *AN FILE*

Rinne Tomás staidéar ar an hidrigeolaíocht in Ollscoil na hÉireann, Gaillimh, áit a raibh sé gníomhach sa Chumann Drámaíochta. Tar éis dó an chéim a bhaint amach, rinne sé staidéar ar an drámaíocht le VTOS. Ina dhiaidh sin ghlac sé páirt i léiriú mheán lae in Bewley's de **Tea for One and a Sticky Bun** agus rinne sé páirt Slicer in **Dream Sweet Dreams** sa New Theatre. Chomhchum sé **Hansel and Gretel** d'Fhéile Drámaíochta Bhaile Átha Cliath agus bhí sé páirteach in **Hebags** do Jeeshow Productions. Bhí sé gníomhach sa chompántas céanna ó thaobh na cumadóireachta agus na haisteoireachta araon de nuair a bhí an dráma **A Christmas Karl** á léiriú. Is ballbhunaitheoir é de Hi Ho Productions agus tá sé ag cumadh scripteanna grinn don stáitse i láthair na huaire. Scannáin: **Underworld** do Puchán Productions agus **The Smiling Suicide Club** do Hell's Kitchen.

Amharclann na Mainistreach
The National Theatre Society Limited

Cúirt an Mheán Oíche

Dramatis Personae

AOIBHEALL
AN BÁILLE
AN LEANNÁN SÍ
AN BHEAN
AN SEANDUINE
AN FILE
AN FEAR LEIGHIS
AN SAGART
SIR HENRY
AN CINSIRE
BRÍD
MERRIMAN (TAIBHSE)

Am: c. 1780
Láthair: Contae an Chláir

*Tabhair faoi deara nach gá gur mar a chéile go hiomlán téacs
an dráma faoi mar atá sé anseo agus mar a léireofar é ar an stáitse.*

GNÍOMH I, RADHARC I

Feictear fógra: Oifig An CHINSIRE. (Leabhair et cetera) AN CINSIRE agus BRÍD i láthair. Tá AN CINSIRE ag scrúdú leabhair.

CINSIRE: Dia ár réiteach – an scabhaitéir sin – Dia ár réiteach!

BRÍD: A Chinsire?

CINSIRE: Buille na tubaiste! Fíoraíodh mo thairngreacht! Fíoraíodh mo thairngreacht!

BRÍD: A Chinsire?

CINSIRE: Cúirt an Mheán Oíche!

BRÍD: Is ea?

CINSIRE: An dán le Merriman, tá sé ar fáil i mBéarla. Chuir an scabhaitéir sin, Frank O'Connor, Béarla air agus...

BRÍD: Tá sé sna siopaí.

CINSIRE: Beidh – ó mheán lae. Buille na tubaiste. (*Tosaíonn sé ag ionsaí an leabhair le siosúr.*) Greadadh i do bhléin, Frank O'Connor, agus i mbléin an chait mhara a sheol anseo thú. Galar crúibe agus béil ort!

BRÍD: A Chinsire? Cuir ar an liosta é.

CINSIRE: Sin í an fhadhb. Nach bhfeiceann tú? Sin í an fhadhb! Níor chuir siad cosc ar an leagan bunúsach – a mhalairt fiú. Leag siad amach ar an altóir é – mar chlasaic! Dúirt mé ag an am: 'Íocfaimid as seo!' Anois, nach bhfeiceann tú? Má chuirim an leagan Béarla ar an liosta beidh mé i mo cheap magaidh, an Rialtas ina mhugadh magadh, an Taoiseach – Dia ár réiteach...! An bhfuil Cúirt an Mheán Oíche léite agat? Ar chuala tú mo cheist? An bhfuil Cúirt an Mheán Oíche léite agat?

BRÍD: San ollscoil, a Chinsire. Bhí sé ar an gcúrsa.

CINSIRE: Agus do thuairim faoi?

BRÍD: Tá rudaí den fhíorscoth ann anseo is ansiúd, cheapas.

CINSIRE: Cheapais! Chuirfeadh sé déistin ar – ar – ar Chasanova – ar – ar – chatamaran! Nár inis siad duit go raibh Merriman, mo laoch Merriman, ina pháiste gréine?

BRÍD: Páiste gréine nó páiste scoile nó Páistín Fionn, is cuma!

CINSIRE: Is cuma leat. Ná bí ag leanbaíocht. Bhí an drochbhraon ann. Mac a bhí tugtha don drúis i rith a shaoil, tugtha don ól, don... cad a dhéanfaimid?

BRÍD: 'Feasta gan adhmad...'

CINSIRE: I lár na géarchéime, níl le rá agat ach – 'Feasta gan adhmad'?

BRÍD: Cuir scairt ar an Taoiseach.

CINSIRE: Ar Dev?

BRÍD: Beidh an freagra aige.

CINSIRE: Freagra? Agus é chomh nimhneach le mála easóg ar ball? Luaigh rudaí gnéasacha agus pléascann sé!

BRÍD: Tá tú ag éirí taomach arís. (*Tugann sí uisce dó, agus piollaí.*) Cuir scairt air. Beidh an freagra aige. Cuir scairt air.

Cuireann AN CINSIRE scairt ar Dev.

CINSIRE: A Shoilse, do Chinsire anseo. Tá an scéal agat? A Shoilse, gabh mo leithscéal ach táim ar buile dhearg. Táim ag fiuchadh. Chaitheas mo shaol san oifig seo ag déanamh mo dhíchill leatsa, a Shoilse, chun an tír seo a choinneáil glan ar shlí amháin nó ar shlí eile, a Shoilse. Tuige nach raibh an rud salach sin, an buntéacs, ar an liosta ón gcéad lá? Bhí Cinsire ag an dream eile. Ní luafaidh mé an t-ainm, a Shoilse. A Shoilse, tá a fhios agam go bhfuil mé ag éirí spadhrúil ach tar éis scór bliain san oifig seo...

Feictear AN BÁILLE.

CINSIRE: A Shoilse, fan dhá nóiméad – fan dhá nóiméad –

Sciobann AN BÁILLE an fón ón gCINSIRE.

BÁILLE: A Shoilse, Dia duit ar maidin. An Báille ó Chúirt an Mheán Oíche anseo. Is ea, Merriman, an mac a scaoil 'gáir na

gClárach' an chéad lá. Aithne agat uirthi? A Shoilse, fan dhá
nóiméad.

Réabann AN BÁILLE corda an fhóin as an mballa.

BÁILLE: A Chinsire, bhí tú ag fanacht liom! Cén t-ainm atá ort, a
chuid?

BRÍD: Bríd.

BÁILLE: A Bhríd, a chroí. Bainfidh tú an-súp go deo as na heachtraí
atá geallta dúinn an lá beannaithe seo. Dúnaigí bhur súile!

CINSIRE: B'fhéidir nach bhfuil an scéal agat ach tá tú ag caint leis an
gCinsire Leabhar agus Scannán agus...

BÁILLE: Dúnaigí bhur súile. Láithreach bonn!

*Baineann AN BÁILLE casadh as an mbeirt. Rírá agus ruaille
buaille.*

BÁILLE: An Báille abú! I ríocht an Bháille, níl aon dlí ann ach focal an
Bháille. Fair thú féin, a mhic ó. Bí macánta. Bí umhal. Is breá
liom an croí umhal. Anois, tá an port sroichte againn!

GNÍOMH I, RADHARC II

Feictear fógra: Loch Gréine. Agus AN FILE i sorm suain.
Dúisíonn AN BÁILLE é.

BÁILLE: Tusa Brian Merriman? An file? A Bhriain, tá tú ag caint leis
an mBáille. Ar mo thaobh clé, an Cinsire, ar mo thaobh deis,
Bríd – bail ó Dhia uirthi. Bhuel, a Bhriain, rud ar bith le rá
agat? Agus tú i d'fhile, a mhac – abair leat, tá do lucht
tacaíochta ar bís. Na mná, go háirithe. Anois, a chroí, cuir
sceitimíní ar na béithe.

FILE: 'Ba gnáth mé ag siúl le ciumhais na habhann' –

Ligeann AN BÁILLE agus BRÍD béic astu le teann ríméid.

FILE: 'Ba gnáth mé ag siúl le ciumhais na habhann

Ar bháinseach úr 's an drúcht go trom

In aice na gcoillte i gcoim an tsléibhe

Gan mhairg gan mhoill ar shoilse an lae...

(*AN BÁILLE agus BRÍD ar luascadh leis an rithim...*)

Do ghealadh mo chroí an uair chínn Loch Gréine

An talamh 's an tír is íor na spéire

Taitneamhacht aoibhinn suíomh na sléibhte

Ag bagairt a gcinn thar dhroim a chéile...

(*Anois glacann AN BÁILLE agus BRÍD páirt san aithris.*)

Do ghealfadh an croí bheadh críon le cianta

Caite gan bhrí nó líonta 'o phianta

An séithleach searbh gan sealbh gan saibhreas

D'fhéacfadh tamall thar bharra na gcoillte –

FILE: Stop – stop!

BÁILLE: A chroí?

FILE: Céard tá ar siúl anseo? Mise ag cumadh mo dháin, mo chuid línte, ach tá siad agaibh san am céanna.

BÁILLE: Nó roimh ré! Tá tú i do bhroinglóid, a leanbh. Chuile rud inrásta, chuile léim. Tá preab is hurlamboc i bhfad níos allta sa phota. Ar aghaidh leat, ar aghaidh leat – 'Na héisc le meidhir'.

FILE: Na héisc le meidhir ag éirí in airde

Péirse im radhairc go taibhseach tarrbhreac

(*AN BÁILLE agus BRÍD ar ais sa chór...*)

Bhíodh éanlaith i gcrainn go meidhreach mómhar

Is léimreach eilte i gcoillte im chóngar

Géimreach adharc is radharc ar shlóite

Tréanrith gadhar is Reynard rompu!

BÁILLE: Go hiontach, go hiontach! Tá an bua agat, ceart go leor, mo cheol thú! Ar shlí éigin, is mór an trua go mbeidh tú sa ghabhann cúirte inniu ach sin an saol. Ní orainne an locht.

FILE: Gabhann cúirte?

BÁILLE: (*Leis AN gCINSIRE*) Tusa freisin? Ní fheadar? B'fhéidir é, b'fhéidir é! Beidh tusa linn, a Bhríd, mar aoi, mar chara, mar shonóg. Feicfimid.

FILE: Gabhann cúirte?

BÁILLE: Tá an ... chúirt 'na suí is na mílte ag triall ann

Ní cúirt gan acht gan reacht gan riail

Ná cúirt na gcreach mar chleacht tú riamh

An chúirt seo ghluais ó shluaite séimhe

Ach cúirt na dtrua, na mbua, is na mbéithe.

FILE: Tá sé sin thar a bheith spéisiúil ach...

BÁILLE: Ach! Éist do bhéal! Beidh an chúirt ag scrúdú chás na mban. An bhfuil tú ag éisteacht liom?

FILE: Cás na mban. Ceart go leor. Tá sé in am, d'fhéadfá a rá.

BÁILLE: Meas agat orthu?

FILE: Meas? Mise?

BÁILLE: Meas. Tusa?

FILE: Na mná?

BÁILLE: Na mná, na mná.

FILE: Muise, tá.

BÁILLE: Cineál drogaill ort?

FILE: Níl.

BÁILLE: Tú pósta?

FILE: Níl.

BÁILLE: Leannán luí agat?

FILE: Níl ach..

BÁILLE: Leannán sí?

FILE: Níl ach...

BÁILLE: Ach ach ach ach – fadhb agat? Ceap tuisle de shaghas éigin romhat? Imní ort faoi do chinniúint? Ní choisctear cinniúint. Ní chuireann sí a cosa fúithi! Ach tá cead agam a rá, rud ar bith is féidir a leigheas, réiteoimid é!

Ligeann AN CINSIRE cnead as.

BÁILLE: A stór?

CINSIRE: Bhfuil cead agam dul amach?

BÁILLE: Níl. Déan i do bhríste é. Níl ann ach mún.

Buaileann an fón. Tá sé ag AN gCINSIRE fós. Tógann BRÍD an glacadán. Éisteann sí leis, cuireann sí ar ais é.

BRÍD: An ghaoth aniar aduaidh, déarfainn. Taibhsí ag feadaíl. Ceo.

BÁILLE: Ceo draíochta – is chuala sí é! Tá sí ag fás! Ach tusa! Mac na mbrístí folmha!

Cnú na hóige á feo le faolraois

Is easnamh daoine suíte ar Éire.

Do mheath led chuimhne an síolrach daonna,

Is folamh 's is tráite fágadh tíortha ...

Is nár bhúr n-iomad gan siorraigh gan síolrach

Is mná ina muirear ar muir is ar tíorthaibh
Consaigh chorpartha is borrcaigh óga
Is bunsaigh bhrothallach fola agus feola,
Lóistigh liosta agus ligthigh shásta
Is mórgaigh shioscaithe d'imigh i bhásta
Is trua gan toircheas tollairí 'on tsórt so
Is trua gan tórmach brollaigh is bóta iad
Is minic iad ullamh an focal dá bhfaighidís
Ag tuitim dá mogall is molaimse a bhfoighne!

Cloistear bonnán.

BÁILLE: Tá siad réidh. Tá an chúirt ag fanacht linn sa bhFiacail!

Siúil agus freagair í, caithfidh tú triall ann
Siúlaigí nó stracfad san lathaigh im dhiaidh sibh!

GNÍOMH I, RADHARC III

Ar an bhfógra anois: An Chúirt is Uachtaraí. Tá an fhoireann
uile i láthair agus AOIBHEALL ina suí ar ríchathaoir de shaghas
éigin.

BÁILLE: Aoibheall, ár mBanríon, Croí gan Chlaonbheart, Cara na
Muimhneach, Síbhean Léithchraig. Cromaigí bhur gceann!
Sloinn tú féin (*leis AN SEANDUINE*)! Tá an chúirt ina suí!

SEANDUINE: An Seanduine Dóite.

BEAN: An Bhean Álainn. Ní chreidfidh tú an scéal atá agam duit.

FEAR LEIGHIS: An Fear Leighis. Tá an chumhacht i mo lámha. Cuir
ceist ar na mná.

SAGART: An Sagart Aroon. Fág as an áireamh an Sagart Aroon...
Íocfaidh tú é!

SIR HENRY: Sir Henry. Local Big House. Resident Magistrate.
Particular interest in the well-being...

BÁILLE: Go raibh maith agat – do sheanmóireacht níos deireanaí.

CINSIRE: An Cinsire agus...

BRÍD: Bríd.

CINSIRE: – as Baile Átha Cliath. Sa todhchaí.

AOIBHEALL: Sa todhchaí! Na créatúir!

BÁILLE: Agus?

FILE: An File. Brian Merriman. Gabh mo leithscéal. Tá ciapóga ag
teacht orm.

Titeann sé i bhfanntais.

FEAR LEIGHIS: Fág agamsa é.

Tosaíonn AN FEAR LEIGHIS ag suaitheadh chosa AN FHILE.

FEAR LEIGHIS: Fuaireas an leigheas seo sa tSín, ó fhear darb ainm Li
Po. Tá cleas air.

Tá AN FILE ag teacht chuige féin, ina sheasamh arís. Scrúdaíonn AN FEAR LEIGHIS a radharc.

FEAR LEIGHIS: Bhfuil tú in ann an mhéar sin a fheiceáil?

FILE: Is ar éigean é – is tá leoró ait i mo chluasa.

FEAR LEIGHIS: Cá bhfuil tú?

FILE: Táim ag freastal ar an gCúirt is Uachtaraí.

FEAR LEIGHIS: Agus céard tá ar siúl anseo?

FILE: Tá sibh...

AOIBHEALL: 'Sibh'?

FILE: Táimidne... ag plé le cás na mban.

AOIBHEALL: Agus tá spéis faoi leith agat sa cheist sin? Spéis, ar aon nós?

FILE: Tá. Ach...

OMNES: Ach ach ach ach ach ach ach.

BÁILLE: Ná bac leo. Suigh síos agus lig do scíth. Beidh tú ar do sháimhín só i gcionn tamaill bhig.

De phreab, tá AN BHEAN ag clár na mionn.

BEAN: An bhfuil an chúirt seo ina suí?

BÁILLE: Cinnte dearfa.

BEAN: A Aoibheall... A shoilse an lae is a ré gan choimse...

Cúis mo cháis is fáth mo chaointe,

Cúis do chráigh mé is d'fhág mé cloíte...

Na sluaite imíos gan chríoch gan chaomhnadh

Ar fuaid an tsaoil seo d'fhíorscoth béithe

Ina gcailleacha dubha gan cumhdach céile

Caite gan clú gan cionta claoinbhirt.

Stopann sí tar éis na bleaiste sin, fonn uirthi a héifeacht a mheas.

BEAN: Is aithnid dom féin sa méid seo 'om shiúlta

Bean agus céad nár mhéin leo a dhiúltadh

Is mise ina measc, mo chreach mar táimse...

Mo dhochar, mo dhó, mo bhrón mar bhíom
Gan sochar gan seoid gan só gan síth...
Gan codladh, gan suan, gan suairceas oíche,
Ach maslaithe i mbuairt, gan suaimhneas sínte
Ar leabain leamh fhuar dár suaitheadh ag smaointe.

An scéal ag cur as di. Níl sí in ann níos mó a rá.

BEAN: Uisce, fíon, branda, deoch éigin, as ucht Dé.

*Tugann AN BÁILLE gloine fíona di. Go tobann, tá an dream uilig
(seachas AN CINSIRE) ag ól, neart fíona is fuisce sa chúirt seo –
de réir cosúlachta. Feictear AN FILE, speabhraídí air fós, in aice
leis AN mBEAN, á scrúdú. An bhfuil aithne aige uirthi?
Muirníonn sí a leiceann...*

SIR HENRY: Well, let me have her for advocate any day of the week.

SAGART: Iontach an bád í, iontach an bád í.

SIR HENRY: The timing, the colour, the flow –

SAGART: Éirí na gréine, éirí na gealaí.

SIR HENRY: Finally, it's a style, isn't it? She possesses what we call
'style'.

SAGART: Éirí na tuile, éirí na stoirme!

Leagann AOIBHEALL a súil ghrinn ar AN gCINSIRE.

AOIBHEALL: Cinsireacht leabhar, an ea?

CINSIRE: Leabhair – irisleabhair – paimfléid –

AOIBHEALL: Lámhscríbhinní – dialanna – liostaí níocháin – is de
Valera i mbun na hoibre. Chonac é lá fadó fadó is bhí an
rógaire sin thar a bheith broidiúil ag séideadh na mban le
hanlann a choirp!

Buaileann AN BÁILLE a máilléad. Tá AN BHEAN réidh.

BEAN: Is é chráigh mo chroí is do scaoil gan chéill mé...
An uair chím preabaire calma croíúil,
Fuadrach fearamhail baramhail bríomhar...

Nó buachaill bastalach beachanta bróigdheas...

Buaite ceannaithe ceangailte pósta

Ag fuaid, ag cailligh, ag aimid, nó ag óinmhid,

Nó ag suairle salach do chaile gan tionscal...

– agus níl siad tearc ar ball, mar a bhfuil 'fhios agaibh –

...is cá bhfuil mo locht ná toifí reimpí?

Créad an t-abhar ná tabhairfí grá dhom

Is mé chomh leabhair, chomh modhamhail, chomh breá so?

Bualadh bos. Téann AN BHEAN ar paráid, ag taispeáint a sócmhainní.

BEAN: Is deas mo bhéal, mo dhéad 's mo gháire...

Is glas mo shúil, tá m'urla scáinneach...

Mo phíob, mo bhráid, mo lámha 's mo mhéaraibh

Ag síorbhreith barr na háille ó chéile.

Féach mo chom, nách leabhair mo cnámha...

Seo toll is cosa agus colann nách nár liom

Is an togha go socair fá cover ná tráchtaim.

Feictear AN SEANDUINE ag clár na mionn, alltacht air.

SEANDUINE: Dochar is díobhail is síorchrá cléibh ort,

A thoice le místáid 'o shíol gá is déirce.

BÁILLE: Fan le do sheal –

Ruaigeann sí AN SEANDUINE ó chlár na mionn.

BÁILLE: Duine ar a sheal, duine ar a sheal. Nach ort atá an stró!

Tá AN CINSIRE faoi stró freisin. An fón – an bhfuil soicéad ar fáil?

AOIBHEALL: A Mhac –

Go mealltach, cuireann sí ceann an chorda faoina hascaill.

AOIBHEALL: Anois, bain triail as, a mhaoineach. Tá sé ag obair. Bain triail as.

Tosaíonn An Cinsire ag cur sraothanna as.

OMNES: Dia linn... *(Tar éis gach aon sraotha)*... Dia linn... Dia linn...

Tá An Bhean ar ais ag clár na mionn, ar tí leanúint ar aghaidh lena fianaise arís.

BRÍD: An bhfuil cead agam cabhair a thabhairt di? Tá na línte agam ón ollscoil. Bhí siad ar an gcúrsa.

AOIBHEALL: Ar an gcúrsa! Anois tá tú ag caint. Bhí *(leis an bhFILE)* do chuid línte ar an gcúrsa, a stór!

Tá Bríd anois ag clár na mionn – cead aici, fáilte roimpi.

BRÍD: Ní feacthas fós mé i gcóngar daoine

Ag faire ná ag tórramh óig ná chríonna

Ar mhachaire an bháire, an ráis ná an rince...

Acht gofa go sámh gan cháim ar domhan

I gculaithe shásta ó bharr go bonn.

Beidh a cheart im chúl do phúdar fillte,

Starch is stiúir i gcúl mo chaidhpe...

Stopann sí. Amhras uirthi faoin gcéad líne eile. Déanann An Bhean comhartha di.

BRÍD: Húda geal gan ceal ribíní,

Gúna breac is a cheart rufaí leis.

Is annamh go brách gan fásáil aerach

Thaitneamhach bhreá lem cheárdán craorag

Is an-iomdha luibheanna, craobhacha is éanla

Im aprún síogadh ríogach Cambrick,

Sála cumtha cúnga córach

Arda sleamhaine ar Screw fám bróga,

Búclaí is fáinní is lámhainní síoda

Is fonsaí, práslaí is lásaí daora.

OMNES: Mo cheol thú. Is gairm í. Mo ghraidhin go deo thú.

Extraordinary gift, quite extraordinary. Graidhin mo chroí thú!

SIR HENRY: She should go on the stage.

SAGART: This minute.

SIR HENRY: Such – such – such –

SAGART: Lips?

SIR HENRY: You took the words from my mouth.

Tá AN BHEAN léi féin ag clár na mionn, agus í réidh.

BEAN: Ar aon nós – gan scéal fada a dhéanamh de –

Chaitheas mo chiall le fiach gan éifeacht...

Tar éis mo chumainn, mo thurraing 's mo ghrá dhóibh

Tar éis ar fhuiling mé d'iomada cránais,

Tar éis ar chailleas le caitheamh na scálaí,

Béithibh balbha is cailleacha cartaí.

Tosaíonn sí ag gol. Deora fíneálta.

AOIBHEALL: An brón, an brón. An óige uair amháin, an brón go minic. Tuigim, tuigim. Tá tú ag caint faoi ghruagach fiaclach ag siúl an tsaoil. D'fhéadfainn scéala a dhéanamh ar dhuine nó ar bheirt. Ná bac leis. Ar aghaidh leat, a chroí, ar aghaidh leat.

BEAN: Faoi na cleasanna éagsúla, piseoga, cócsaileoraim, a thriaileas, beidh an Fear Leighis in ann na mionsonraí a thabhairt daoibh ar mo shon.

Láithreach bonn, tá AN FEAR LEIGHIS ag clár na mionn ina teannta.

FEAR LEIGHIS: Ní bheidh againn anseo ach cuntas achomair. Ar aon nós, gheobhaidh sibh blas na straitéise. Tabhair aird faoi leith orm. Mistéirí atá os ár gcomhair anseo. Tá cead agam a rá, dála an scéil, go bhfuil an t-eolas a bhaineann leo ag leá de réir a chéile, agus rud eile...

BEAN: Brostaigh ort, a chuid.

FEAR LEIGHIS: Ceart go leor. Mar leanas: lán an stoca do thorthaibh faoin chluas, an léine in aghaidh na srotha, ininí is gruaig fán luaithghrís, an tsúist fá chúil na gaibhle, an ramhann fán adhairt, an coigeal i gcillín na hátha, an ros ar chorp na sráide,

tor gabáiste sa tsop fúithi, greamanna d'úlla is púdar
luibheanna, magairlín meidhreach, meill na mbuailtibh, mealla
na minseach...

BEAN: Déanfaidh sin cúis. Togha fir.

FEAR LEIGHIS: (*Ag imeacht*) Is tuilleadh den sórt nach cóir à mhúineadh.

BEAN: Chuile sheans go bhfuil go leor ráite agam. Chuile sheans go
bhfuil an iomarca ráite agam. Bhí sibh thar a bheith foighneach
agus caithfidh mé buíochas a ghlacadh libh ó mo chroí, ach
tabhair cluas dom. Ní focal gan aird atá agam anseo...

Táim in achrann daingean na mblianta

Ag tarraingt go tréan ar laethaibh liatha,

Is eagal liom éag gan éinne 'om iarraidh.

A Phéarla ó Pharthais, screadaim is glaoim ort,

Éiric m'anama ort – éiric m'anama ort –

AOIBHEALL: Chuala mé, chuala mé, éiric d'anama orm – abair leat.

BEAN: ...Aicim thú is éim ort

Seachain ná scaoil mé im shraoill gan aird

Ná im chailligh gan chríoch gan bhrí gan bhláth...

Ar theallachaibh draighin gan feidhm gan fáilte.

Is fada mé ag foighneamh, faighimse fuascailt,

Seachain ar mhoill mé, saighead chum luais é,

Mura bhfuil leigheas dom threighid id chuairdse

Cuirfidh mé faghairt i bhfeidhm más cruaidh dom.

Fágann sí clár na mionn. Ar an bpointe, tá AN SEANDUINE *ann.*

SEANDUINE: Dochar is díobháil is síorchrá cléibh ort –

BÁILLE: Druid do bhéal agus tabhair urraim don chúirt. Sos cogaidh ar
feadh nóiméid. Tá an áit ag éirí te. Sos beag bídeach.

AOIBHEALL: Agus urraim don chúirt, más é bhur dtoil é. Fiú nuair a
bhíonn sos ar siúl. 'Tor gabáiste sa tsop fúithi' (*leis* AN bhFEAR
LEIGHIS), rud iontach súmhar i gcroí an chabáiste. Cuir
romham an cabáiste catach agus an bagún gruagach. Níl aon
seó ach é!

GNÍOMH I, RADHARC IV

An stáitse folamh ar feadh nóiméid. Feictear taibhse MERRIMAN, *é ina sheanfhear, nó meánaosta ar aon chaoi. Tá rud éigin á iompar aige, caighean (mar a gheobhaimid amach ar ball; tá clúdach air anois).*

MERRIMAN: Brian Merriman... teacher of mathematics... at his residence... suddenly... Mar gheall ar an seó atá ar siúl anocht, d'iarr siad orm cúpla focal a rá... Mo scéal a tabhairt daoibh... Scéilín... Míreanna mearaí... Bhíos i mo mhúinteoir scoile... Bhíos i m'fheirmeoir... i gContae an Chláir... Bhaineas duais bliain amháin ón Royal Dublin Society, an dream mór le rá sin...

Tógann sé an clúdach ón gcaighean. Feictear lasair choille sa chaighean.

MERRIMAN: Tá mé in ann bhur smaointe a chloisteáil... 'Tá an rud sin aige mar bhreá breá... Nach ait an mac é... Ag siúl go crapchosach. An créatúr. Agus a bhreá breá ina lámh aige...' B'fhéidir é! Ach an bhfuil sibh cinnte? Sheasóinn ag clár na mionn agus mhionnfainn go bhfuil níos mó ná breá breá ann...

Scrúdaíonn sé an caighean agus an lasair choille atá ann.

MERRIMAN: Tá tú thar a bheith ciúin inniu. Cantal ort? Slaghdán ort? Ocras ort?

Tugann sé síolta don lasair choille.

MERRIMAN: Anois. Níl cúis ghearáin agat. Mo phrionsa beag tógálach, mo pheataire beag taodach. Is é an rud a tharla ná – caithfidh mé an scéal a insint daoibh – bhíos ag spaisteoireacht thart. Maidin earraigh a bhí ann agus bhuaileas le péintéir, agus arsa mo dhuine – 'I'll paint your picture. You'll have a bird-cage with a wooden goldfinch'. 'Tuige an lasair choille adhmaid?' 'I see it', arsa mo dhuine. Níor thugas cead dó; bhí cineál eagla orm. Ach, ina dhiaidh sin, rug an smaoineamh – níl a fhios agam cad a tharla – ach rug an smaoineamh greim docht orm. I ndeireadh na dála, cheannaíos an caighean, cheannaíos an lasair choille adhmaid, agus le blianta fada anuas tá siad agam mar... mar chompánaigh.

Glanann sé a shrón le lámh lag.

MERRIMAN: Luimneach... Cathair Luimnigh... Ná cuir ceist orm... Áit gan tóin gan bhéala... (*Scrúdaíonn sé an caighean.*) Ciúin fós? Agus d'iarr siad orm cúpla focal a rá faoi dhánta. Dánta? Bhí aithne agam ar fhile nó dhó ach bhí – mar a dúirt mé – i bhfad níos mó le déanamh agam ná mo shaol a chaitheamh ag suirí leis na naoi mBéithe. Le linn m'óige, scríobhainn dán anois is arís. Is cuimhin liom gur bhris mé cos agus bhíos sa leaba ar feadh míosa agus scríobhas rud éigin. Dúirt fear cliste – 'Bhí Merriman bocht ina mhairtíneach. Sin an fáth a bhfuil an dán bacach'. Bhí an ceart aige. Ní raibh ionam ach rannaire bacach. Tá siad flúirseach sa tír seo mar is eol daoibh. Arm seasta.

Labhraíonn sé arís leis an lasair choille.

MERRIMAN: Abair amhrán dos na custaiméirí, a thaisce. Ní thuigeann tú? Fine. Would you care to sing a song for the customers? Un petit chanson – s'il vous plait, ma jolie – pour mon anniversaire. Ceart go leor. Báltas ort.

Cuireann sé an clúdach os cionn an chaighin.

MERRIMAN: Agus scríobhas dán tráth eile faoi spéirbhean, faoi aisling, is ea. Agus cailleach ann, bhí cailleach ag cur isteach uirthi, feithid ghontach. 'Tuige an chailleach i d'aisling?' 'Feicim í.' Ach tá daoine ann, na sluaite, agus cheapfá nach bhfacadar poll slogaide riamh.

Agus anois mar 'slán beo', cúpla focal faoi na mná. D'iarr siad orm rud éigin a rá faoi na mná.

An caighean arís. Tógann sé an clúdach. Osclaíonn sé an doras. Tógann sé an t-éan as an gcaighean.

MERRIMAN: Chonac ar foluain thú oíche amháin, a lao dheoil...

Pógann sé an lasair choille. Agus anois tá an t-éan ar ais sa chaighean agus an clúdach ar ais air.

MERRIMAN: Bhí beirt iníonacha agam – ceann acu marbh, ceann acu thall i Sasana. A iníon ó... Snáthaid croí aon iníon amháin. Bhí an ceart ag Suibhne. Na mná, na mná. Dán beag bídeach faoi na mná, más ceadmhach dom. Scríobhas inniu é. Níl ann ach gligín, ach ar aon nós is é an teideal atá air ná 'Oileán Mara'.

Cé'n t-ainm atá air?

Nó cá bhfuil sé?

Is cuma liom ainm,

Nó ionad, cuma é...

Tá fios fátha an scéil

Agam óna súile,

Cur síos den scoth –

Solas aigéanach faoi lánréim

Dubhaoibhneas, gáire,

An tsáimhríocht, focla

Luchtaithe dhá lasadh

Le contráth na hoíche...

Is mo chrobh bocht soineanta

Ag foghlaim snámha

i lámh mo leannáin sí...

Imíonn sé.

GNÍOMH I, RADHARC V

Tá an fhoireann ag teacht ar ais – ach ar bogstróc. I dtús báire, feictear AOIBHEALL agus AN FILE.

FILE: A Shoilse, súil agam nach bhfuil mé ag cur isteach ort – ach caithfidh mé –

AOIBHEALL: Caithfidh tú imeacht.

FILE: Go baileach. Tuigim gur ócáid mhór atá oraibh anseo –

AOIBHEALL: Ach is iomaí ócáid atá ort.

FILE: Sin é, a Shoilse.

AOIBHEALL: Tá daoine mór le rá ag fanacht leat agus tá do chuid paidreacha le rá agat agus níl do bricfeasta ite agat fós agus, mar bharr ar an gclampar, níl na ba crúite, agus tá –

FILE: (*Ar a dhá ghlúin*) A Shoilse –

AOIBHEALL: A thaisce –

FILE: Tiocfaidh mé ar ais amárach, geallaim duit.

AOIBHEALL: Beidh tú anseo le héirí na gréine.

FILE: Beidh, a Shoilse.

AOIBHEALL: Is t'aghaidh nite is do ghruaig ag lonrú.

FILE: A Shoilse –

AOIBHEALL: A leanbh, ag taibhreamh atá tú. An dtuigeann tú? Ag taibhreamh. Dá bhrí sin, tá tú anseo. Níl cead agat a bheith in áit ar bith eile. Ná cuir an locht ormsa. Tharla ann is níor tharla as é!

OMNES: Tharla ann is níor tharla as é!

AOIBHEALL: Cad iad na ciapóga a tháinig ort?

FILE: A Shoilse.

AOIBHEALL: Táim ag éisteacht. Ar shlogais do theanga? Bhfuil sí faoi do chrios agat, a mhaoineach?

FILE: A Shoilse, tá a fhios agam go bhfuilim ar thóir rud éigin. I gceo éigin.

AOIBHEALL: Do chuid caorach? Na tonnta móra? Rachmas?

FILE: Rud éigin. Agus is é an deacracht atá agam ná tá eagla orm go bhfaighidh mé é.

AOIBHEALL: Ar nós na sluaite! Anois, a chroí, ceap do shuaimhneas. Slog siar braoinín bainne (*Tá BRÍD ag tabhairt gloine bainne dó*), biseoidh tú ar an toirt. Tú níos fearr anois? Tá deirge an róis ina leicne plucacha arís, an créatúr. Is deacair an bainne a shárú. (*Ólann sí ón ngloine.*)Tabhair dom bainne ar leaba mo bháis is éireoidh mé d'fholéim. An tsochraid, babhta amháin eile, curtha ar ceal!

FILE: Ba gnáth mé ag siúl le ciumhais na habhann

Ar bháinseach úr 's an drúcht go trom,

In aice na gcoillte i gcoim an tsléibhe

Gan mhairg gan mhoill ar shoilse an lae...

Glacann an fhoireann uile páirt san aithris, agus iad ag damhsa leis an rithim. Feictear AN LEANNÁN SÍ ag damhsa agus ag aithris leo. Is é an socrú anseo ná go bhfuil sí dofheicthe. Tá a haire go huile is go hiomlán dírithe ar an bhFILE agus tá cead aici póg éadrom a thabhairt dó.

OMNES: Do ghealadh mo chroí an uair chínn Loch Gréine

An talamh 's an tír is íor na spéire

Taitneamhacht aoibhinn suíomh na sléibhte

Ag bagairt a gcinn thar dhroim a chéile.

Imíonn AN LEANNÁN SÍ.

CINSIRE: A Shoilse.

AOIBHEALL: A Chinsire.

CINSIRE: Gabhaim pardún agat ach –

AOIBHEALL: Caithfidh tú imeacht. Ceann eile agus deifir air. Tá cruinniú ar siúl agus caithfidh tú a bheith ann. Tá bearna mhór

sa domhan nua-aimseartha, i d'oifig fholamh i gCearnóg
Mhuirfean. Nach bhfuil tú ag baint suilt as na heachtraí anseo?

CINSIRE: Go deimhin, a Shoilse, nílim ag iarraidh a bheith maslach
ach –

AOIBHEALL: Ach!

CINSIRE: Tá mo bhean chéile breoite.

AOIBHEALL: Chuile sheans.

CINSIRE: Agus an gasúr is sine – tá duairceas ag cur isteach air.

AOIBHEALL: Tá an leigheas againn!

CINSIRE: Is tá coinne agam le mo dhochtúir croí ag –

AOIBHEALL: Plá ort! Suigh síos agus bí ag ól. Tá meas agam ort. I
gcionn tamaill bhig – cá bhfios dhúinn? – seans go mbeidh tú le
feiceáil ag súpláil ar mo bharraicíní. Tá siad ag éirí corrach.
Séasúr an fhéir? Aois? Le barr baoise? Níl a fhios agam beag
ná mór.

SIR HENRY: Your Majesty, I find it all most absorbing. I'd intended to
go fly-fishing this morning but when I got the word I decided,
'Other fish to fry' and put away the rod.

AOIBHEALL: You understand the language?

SIR HENRY: I get the drift – and I do have a certain few words.

SAGART: He has the vocabulary of love, Your Majesty, that's what he
means.

AOIBHEALL: What would we be without it?

SAGART: Famished with the hunger.

AOIBHEALL: And perished with the cold. And what's the key word, Sir
Henry, in this vocabulary of love?

SIR HENRY: 'Leaba', Your Majesty.

AOIBHEALL: You really think so?

SIR HENRY: Your choice, Your Majesty?

AOIBHEALL: 'Craiceann', since you ask me, 'craiceann'. And your
thoughts, Reverend?

SAGART: I share Sir Henry's views – the word 'leaba' intoxicates. I kept hearing it, I must confess, throughout the altogether gripping performance of your first witness.

SIR HENRY: 'But, O that I were young again!'

SAGART: Leaba.

SIR HENRY: Damhsa na leapa...

AOIBHEALL: 'Ar chóirigh tú an leaba?'

SAGART: And the other word I kept hearing was...

AOIBHEALL: I can't wait.

SAGART: 'Géaga'.

SIR HENRY: You took the word from my mouth.

AOIBHEALL: 'Géaga'. Dúirt file liom fadó fadó le breacadh an lae – 'Géagaim id bhán-bhaclainn.' Cá bhfuil tú anois, a mhac? 'An Preabaire Géagach' a bhí agam mar leasainm air. Our witness? For myself, as she spoke, I kept thinking of the word 'beola'. Then people tell me I'm a fundamentalist. But, caithfidh mé a rá, isn't she magnificent? We exist – I refer to our world, an domhan taibhsiúil – we exist, if we exist at all, but let's not get philosophical at this hour of the morning... We, I say, exist to escort women such as she to their hour of glory, be it in court in bed, at home or abroad. Discreetly, indiscreetly, cluain Mhuimhneach or coup de foudre.

BÁILLE: Tá an chúirt ina suí!

GNÍOMH I, RADHARC VI

Feictear AN SEANDUINE ag clár na mionn.

SEANDUINE: Dochar is díobháil is síorchrá cléibh ort,
    A thoice le místáid 'o shíol gá is déirce...
    ...Nách cuimhin le táinte
    Olcas na síolrach daoine ó dtáingis,
    Gan focal le maíomh id shinsear gránna
    Ach lopaigh gan bhrí, lucht míre is mála.

AOIBHEALL: Stop. Cuir srian le do theanga ghraosta. Tabhair d'fhianaise.
    Focal barbartha eile asat is tabharfaidh mé bata is bóthar duit.

SEANDUINE: Is d'athair! ...Gan charaid gan chlú gan chúl gan airgead
    'Na leibide liath gan chiall gan mhúnadh,
    Gan mheidir gan mhias gan bia gan anlann...

*Tugann AN BHEAN ruathar ar AN SEANDUINE. Scarann AN
BÁILLE an bheirt.*

BÁILLE: Tá fógra faighte agat. Tabhair dúinn do scéal is ná bí ag
    útamáil thart.

SEANDUINE: Maith go leor. Scéilín beag bídeach, má tá cead agam.
    ...Is aithne dhom comharsa...
    Buachaill soineanta, srimile sóntach
    Is buaileadh duine acu chuige mar nóchar.
    – Dia ár sábháil – ...A gradam, a críoch, a poimp 's a taibhse
    Sealbhach bó aici is eorna ag fás di
    Is airgead póca is ór idir lámha aici.
    Chonairc mé inné í ar thaobh na sráide,
    Is cumasach tréan an léire mná í,
    Malfaire másach mágach magúil,
    Marbh le cámas, lán do ladús.

Marach gur claon liom éad do mhúscailt,
Scannal do scéamh ná scéalta scrúdadh
B'fhurast dom insint cruinn mar chuala
An cuma 'na mbíodh sí sraoillte suaite
Stracaithe ar lár is gáir 'na timpeall,
Caite ar an sráid nó i stábla sínte.

BRÍD: (*Níl sí in ann smacht a choinneáil uirthi féin.*)

Mairfidh a taisc is tráchtfar choíche
Ar mharbhna, ar cháil, ar gháir a gníomhartha
In Íbh Breacáin an aráin 's an fhíona
I dTíortha 'Calláin na mbánta míne...

Chill Breacáin, an Chláir is Chuinche,
Ag consaigh ainmhí Thradaí an phónra
Is fionsaigh fhalchaí Chreatlaí an chorda!

Bualadh bos múinte. Labhrann An BÁILLE le BRÍD. BRÍD ina suí arís, smachtaithe, ar feadh tamaill ar aon nós.

SEANDUINE: Chonaic mé inné í...

Leagaithe láimh le Gáras sínte
Caite ar an ród gan orlach fúithi
Ag gramaisc na móna ar Bhóithre Dhúire!

AOIBHEALL: Ag útamáil is ag fuadráil fós, an bhfuil tú ag cur rud ar bith i leith na mná seo – nó céard tá do do chiapadh?

SEANDUINE: Phós mé í.

AOIBHEALL: Abair leat, abair leat.

SEANDUINE: Ba taitneamhach leabhair an crobhaire mná í,

Bhí seasamh is com is cabhail is cnámha aici,
Casadh 'na cúl go búclach trilseach,
Lasadh 'na gnúis go lonrach soilseach,
Cuma na hóighe is só ina gáire
Is cuireadh ina cló chum póige is fáilte.

AOIBHEALL: An fear bocht, agus na nótaí liriceacha ag giosáil ann fós.

'Cuma na hóighe uirthi is só ina gáire

Is cuireadh ina cló chum póige is fáilte.'

Tiocfaidh an lá (*leis AN bhFILE*), chuile sheans, is beidh tusa in ann a mhacasamhail a chumadh?

FILE: Is liomsa na línte sin. Mo thaibhreamh, a dúirt tú. Liomsa na línte sin.

AOIBHEALL: Tá an mac sin ag dúiseacht. Ar thit tú i ngrá léi? Tú ag éisteacht, a scoláire? Ar thit tú i ngrá léi?

SEANDUINE: ...Chreathas le fonn gan chonn gan chairde

Ó bhaitheas go bonn go tabhartha i ngrá dhi.

AOIBHEALL: Agus?

SEANDUINE: Buille na tubaiste!

Feictear an bhainis, an fhoireann uile páirteach san fhiontar, an ceiliúradh buacach agus spleodrach.

SIR HENRY: Love conquers all! Amor vincit omnia! L'amour et la fumée ne peuvent se cacher! Iontach an bád í! Iontach an bád í!

Go tobann, bac tráchta. Tá AN BHEAN i dtinneas clainne. Anois tá siad go léir (seachas AN SEANDUINE) go cruógach ag cabhrú léi an leanbh a shaolú. Buachaill atá ann. Déanann AN FILE páirt an linbh. Cá bhfuil AN CINSIRE? Imithe. Feictear SIR HENRY á leanúint, piostal póca ina lámh aige. Tá fuadach croí ag cur isteach ar AN SEANDUINE.

SEANDUINE: Is é tasc do gheobhainn ag óg 's ag aosta

Gur breallán spóirt ag ól 's ag glaoch í

I mbotháin ósta is boird dá bpléascadh,

Ar lár 'na lóiste ag pósta is aonta.

FEAR LEIGHIS: Stop – stop – STOP – ladús, a mhac – speabhraídí óil atá ort.

SEANDUINE: B'fhada dhá mheilt a teist 's a tuairisc,

B'fhada gur chreid mé a bheag nó a mhuar dhe,

B'eaglach le gach beirt dá gcuala é
Go rachainn im pheilt im gheilt gan tuairisc.

FEAR LEIGHIS: Geilt, peilt, peilt, geilt. Ar thug capall speach sa
chloigeann duit?

SEANDUINE: ...Fós ní ghéillfinn, caoch mar bhí mé,
Do ghlór gan éifeacht éinne a mhaígh é,
Acht magadh nó greim gan feidhm, gan chéill...

FEAR LEIGHIS: Cloisim arís uait é! Cloisim arís uait é!

Feictear SIR HENRY *agus* AN CINSIRE *ar ais linn. Déanann siad,
agus* AN SAGART *ina dteannta, comhghairdeas leis* AN
SEANDUINE *faoin éacht.*

SAGART: Mo cheol thú, a stór, mo cheol thú!

CINSIRE: Nár lagaí Dia thú! Nár lagaí do lúth! Nár lagaí do lúth!

SIR HENRY: Heartiest congratulations! First of many, I'm sure! All the
troubles little ones! Teeming!

Cuireann AN SEANDUINE *an ruaig orthu. Caithfidh sé an leanbh
a scrúdú. Ach níl na mná cabhracha (*AN BÁILLE *agus* BRÍD *)
sásta cead a thabhairt dó fós.*

BÁILLE: Míle moladh le Solas na Soilse,
Bíodh nách baileach a d'aibigh an chré seo
Chímse an t-athair 'na sheasamh, 'na chéadfa,
An bhfeiceann tú, a chroí 'rú, loigheamh a ghéaga
A dheilbh gan droinn, a bhaill 's a méaraibh,
Cumas na lámh ba dána doirne,
Cuma na gcnámh is fás na feola?

BEAN: Maise do ghnaoi agus íor do ghnúise,
Feilleadh do shrón is glónradh d'éadain,
Deiseacht do chló, do shnó agus d'fhéachaint,
Leagadh do shúl is fiú do gháire
Is as sin do shiúil ó chúl go sála é.

AOIBHEALL: Beir go haireach é, seachain ná brúigh é,

Is furas é a shuaitheadh, luaisc go réidh é
Turraing do fuair sí ruaig roimh ré é.

Scrúdaíonn AN SEANDUINE an leanbh go cruinn.

SEANDUINE: (*Ag éirí postúil*) Dar Muire, nach tathagach tamhanda é,
Mo leanbh ...feargach fearsadach lúfach,
Láidir leathan mo leanbh 'na ghuaille,
Sála daingeana is an-chuid gruaige air
Cluaise cruinnithe is ingní fásta...
– is na glúine, buíochas le Dia, searrachúil aclaí –
...Coileán cumasach cuisleannach córach,
Folláin fulangach fuinneamhach feolmhar!

Gach uile dhuine anois ag déanamh comhghairdis le duine éigin eile. Rírá i gcoitinne.

SIR HENRY: Let joy be unconfined!

SAGART: (*Ag canadh*) Gaudeamus igitur, juvenes dum sumus!

SIR HENRY: La vertu...

FEAR LEIGHIS: Ól suas é.

CINSIRE: Agus mún síos é!

SIR HENRY: La vertu est la...

BÁILLE: An fathach beag bídeach, na matáin, na géaga, tá mé i mo chodanna beaga aige!

SIR HENRY: La vertu est la seule noblesse!

AOIBHEALL: Cú Chulainn ar ais linn, Hercules, Romulus, Remus, an dream uilig, bail ó Dhia orthu!

BRÍD: Na súile, na súile! Ná cuir as mo mheabhair mé!

SEANDUINE: Buíochas le Dia, searrachúil aclaí, fáilte, a Mhaitiais!

OMNES: Fáilte, a Mhaitiais! Fáilte, a Mhaitiais! Fáilte, a Mhaitiais!

Ach cameo *ciúin do AOIBHEALL, AN BHEAN, agus AN FILE.*

AOIBHEALL: D'aimsigh tú do mháthair?

FILE: Bhíos támáilte, a Shoilse, seal tamaill ach –

AOIBHEALL: Ag dúiseacht as do chodladh, de réir a chéile.

FILE: Bhuaileas lem mháthair.

AOIBHEALL: Tá do thaibhreamh ag bláthú, sonas ort, oraibh.

Fágann sí le chéile iad.

BEAN: Tá tú ar thóir rud éigin?

FILE: Mo réalta.

BEAN: 'Réalta na maidine' agat?

FILE: Mo réalta eolais. An réalta bheo sin. Mo réalta eolais.

Tugann sí póg dó.

BÁILLE: (*Os ard*) Am lóin!

Imíonn an fhoireann uile seachas AOIBHEALL.

AOIBHEALL: Arán mine buí agus bradán, fuisce, poitín, fíon den scoth. Bígí linn, bígí linn sa seomra ansin. Níl costas dá laghad i gceist. Chuile rud ón domhan eile mar a bhfuil fleá agus féasta i gcónaí ag tuirlingt ón spéir ar nós na fearthainne libh. Bígí linn, bígí linn!

GNÍOMH II, RADHARC I

Feictear AN LEANNÁN SÍ ag damhsa. Tá daoine eile sa spás ach tá siad dofheicthe. Críochnaíonn sí a damhsa agus téann sí in aice leis AN bhFILE. Cuireann sí méar amháin ar a ghualainn. Imíonn sí.

Tá AN CINSIRE le feiceáil freisin agus AOIBHEALL á leanúint aige ar fud an stáitse. Déanta na firinne, tá sé imithe bán ina diaidh.

Tá AN FILE ag spaisteoireacht agus ag scrúdú gnúise anseo is ansiúd.

Agus tá AN SEANDUINE ag damhsa (ar a shlí féin) fós le teann áthais, ag gáire agus ag gol le háthas.

SEANDUINE: Fáilte, a Mhaitiais! Baineann tú blianta díom, a mhic ó! Na matáin, na géaga, na doirne, na fiacla: baineann tú blianta díom!

GNÍOMH II, RADHARC II

Feictear AN SEANDUINE ina shuí ag éisteacht, ag machnamh ar rud éigin agus go tobann, tagann droch-chuma air. Cloistear monabhar cainte ón bhfoireann i gcoitinne. Ansin, cloistear an frása 'Dúirt bean liom go ndúradh léi é' agus 'Go bhfaca sí bean a chonaic bean' is a leithéid.

FEAR LEIGHIS: Cá bhfuil mo radharc?

Tá'n adharc ar m'éadan

Ó d'éalaigh mo bhean

Leis an táilliúir aerach!

SIR HENRY: 'A horned man's a monster and a beast' – Othello, Scene One, Act Four.

Béiceann AN SEANDUINE le teann feirge agus ansin, gan mhoill, tá sé ag clár na mionn.

SEANDUINE: (*Ag borradh is ag at, féinísliú ag fás ann.*)

'Aoibheall cheannasach charthanach chomhachtach...

...Screadaim go hard le gáir na tíre

Ós tá mo gháir ar fud na tíre

Is leagaim dod láthair cás na ndaoine,

Breathain go caoin is bí truamhéileach

Beannaibh a gcinn...

AOIBHEALL: 'Beannaibh a gcinn'!

SEANDUINE: Beannaibh a gcinn is suim a gcéille.

Athraigh an dlí seo, cuing na cléire...

Cloistear monabhar cainte ón bhfoireann.

SEANDUINE: Athraigh é – athraigh é – athraigh é –

AOIBHEALL: Tá tú ag baint na gcluas díom. Cuir smacht ort féin.

SEANDUINE: Ach an bhfuil tú ag éisteacht liom? Bhfuil duine ar bith ag
éisteacht liom? Ceapaim go minic gur ag caint le clocha a
chaitheas mo shaol!

AOIBHEALL: Tá an chúirt ag éisteacht leat. Cén ruibh oilc atá ort?
Abair leat.

SEANDUINE: Cá bhfuil an gá le gáir na bainse,
Cartadh biotáille is pá lucht sainte,
Sumaigh ar bord go fóiseach taibhseach,
Glugar is gleo acu is ól dá shaighdeadh
Ó d'aibigh an t-abhar do bhronn Mac Dé
Gan sagart ar domhan dá dtabhairt dá chéile?

SAGART: Ní chuirfidh mé éitheach air.

SEANDUINE: Is leathanmhar láidir lánmhear léadmhar
Fairsing le fáil an t-álbhach saor seo.
Is minic do chímse bríomhar borrtha
Cumasach líonta i gcroí 's i gcóir iad,
Créim ní fheicim ná doille ná caoiche
I léim ar leithre dár hoileadh ó mhnaoi ar bith,
Is mó is is mire is is teinne is is tréine
I gcló is i gclisteacht ná dlisteanaigh éinne!

SIR HENRY: 'Thou, nature, art my goddess.
Why bastard? Wherefore base?
When my dimensions are as well compact
My mind as generous and my shape as true
As honest madam's issue?
Why brand they us with bastard?
Who in the lusty stealth of nature take
More composition and fierce quality
Than doth, within a dull, stale, tired bed
Go to creating a whole tribe of fops
Got between sleep and wake.' – King Lear, Scene Two.

SEANDUINE: An rud go baileach a bhí mé ag iarraidh a rá.

Bualadh bos. Daoine éagsúla ag cabaireacht.

BÁILLE: Tá an chúirt ina suí!

SEANDUINE: Is furas a luaimse d'fhuascailt suíte

Is duine acu an uair seo ar fuaid an tí seo...

(Scrúdaíonn siad go léir AN FILE*)*

Nach ...dearfa suíte an píosa feola é...

...Lansa cumasach buinneamhach bríomhar

Ní deacair a mheas nách spreas gan bhrí...

(Cloistear monabhar agóide)... nach spreas gan bhrí

Bheadh ceangailte ar nasc, ar teasc ag mnaoi,

Gan chnáimh gan chumas gan chuma gan chom

Gan ghrá gan chumann gan fuinneamh gan fonn

Do scaipeadh i mbroinn aon mhaighre mná

Le catachas draighean an groighire breá.

*Cuireann a racht an chúirt ina tost. Ólann sé fuisce. Leanann sé
air, ag labhairt taobh thiar den bhuidéal fuisce.*

SEANDUINE: Micilín go dúidín, micilín go dúidín, micilín go dúidín...

Seirgtheach fann is seandach feosach

Leibide cam is gandal geoiseach –

BÁILLE: Do theistiméireacht chríochnaithe?

SEANDUINE: Scaoil iad, scaoil, scaoil, scaoil...

Scaoil a chodladh gan chochall gan chuibhreach

Síol an bhodaigh 's an mhogallfhuil mhaíteach

Scaoil fá chéile do réir nádúra

An síolbhach séad 's an braon lábúrtha

Fógair féilteach tré gach tíortha

D'óg is d'aosta saorthoil síolraigh...

Fógair é! Fonn leathair ort? Ar aghaidh libh! Micilín go
dúidín! Treise libh! Níos mó, níos mó – micilín go dúidín!

AOIBHEALL: Ná bí ag liú orm – thabharfadh sé ba bodhra as coillte.

SEANDUINE: (*Go searbh*) Cuirfidh an dlí seo gaois i nGaelaibh
Is tiocfaidh... – fan go bhfeicfidh sibh, fan go bhfeicfidh sibh! –
Tiocfaidh an bhrí mar bhí ina laochaibh.

...Gealfaidh an spéir - arís go brách ní bheidh lá báistí againn –
Gealfaidh an spéir, beidh éisc i líonta
Is talamh an tsléibhe go léir fá luibheanna
Fir agus mná go brách dá bhíthin
Ag seinm do cháil le gardas aoibhnis...
Micilín go dúidín!

Imíonn sé ó chlár na mionn.

BEAN: Frankly, I'd never have thought he had it in him.

Agus ar an bpointe tá AN BHEAN ar ais ag clár na mionn.

BEAN: Ní fiú liom freagra freastail do thabhairt ort,
A shnamhaire fleascaigh nách aithis do labhartha...
Do b'fheasach dhon tsaol is don phéist seo láithreach
Nách taitneamh ná téamh aon phioc grá dho a chur an tsnaidhm
Ach cuilithe an tsaoil is ba dhéirc liom an tsástacht...
Suairceas oíche?

AOIBHEALL: Ar na braillíní suairce sróil!

BEAN: Lúithní lua agus guaille caola
Is glúine crua chomh fuar le hoighre
Cosa feoite dóite ón ngríosaigh
Is colann bhreoite dhreoite chríonna.
Níor chabhair dhom ...cigilt ná cuimilt ná fáscadh
Fobha lem ingní, lem uillinn, lem shála
Is nár dom aithris mar chaitheas an oíche
Ag feacadh na ngéag 's an t-éadach fúm
Mo bhallaibh go léir is mo dhéid ar lúthchrith.

SEANDUINE: Plá ort! Is marbhfháisc ort! Níorbh ionadh dom dá
gcrapfadh do theanga.

Agus imíonn AN SEANDUINE mar tá sé críochnaithe leis an gcúirt.

BÁILLE: Glac d'am, a mhic ó! Urraim don chúirt – nó duitse is measa
é!

Beireann sí greim air. Tosaíonn siad ag iomrascáil le chéile.
Tagann AN FEAR LEIGHIS chun cabhair a thabhairt don BHÁILLE.
Anois tá AN SEANDUINE faoi smacht ar an talamh.

FEAR LEIGHIS: Fág agam é.

Tá AN SEANDUINE ina luí. Feictear AN FEAR LEIGHIS ag
cogarnaíl ina chluas.

FEAR LEIGHIS: Oideas ó Li Po, mo sheanchompánach. Fan go
bhfeicfidh sibh.

Tar éis nóiméid, éiríonn AN SEANDUINE.

SEANDUINE: Iarraim trócaire. Bhí mo sheanathair tugtha do na trithí.

Tugann AN FILE tuilleadh fíona don BHEAN. Tugann sise póg
gheanúil dó.

BEAN: Nach furas don lobhar seo labhairt ar mhná

Is gan fuinneamh 'na chom ná cabhair 'na chnámha?

...An bhfuil sionnach ar sliabh ná iasc i dtráigh

Ná fiolar le fiach ná fiaigh le fán

Chomh fada gan chiall le bliain ná lá

Do chaitheamh gan bia 's a bhfiach le fáil?

Feictear an ciarsúr póca arís, na deora fíneálta...

FEAR LEIGHIS: Má tá cead agam focal a rá ar son na mná cneasta seo...

AOIBHEALL: Tá, ach as ucht Dé gan tagairt eile do do chara, Li Po.

FEAR LEIGHIS: Is é an scéal atá agam ná, i gcomhthéacs a cuid
eachtraí, a saoil, a mífhortúin leis An Seanduine, go raibh sí
mar chime faoina díon tuí ainnis. Tá na seacht n-aithne agam

uirthi le roinnt blianta anuas agus déanfaidh mé an fhírinne
libh. Éist liom...

Ní labharfadh sí focal dá mb'obair an oíche
Is thabharfadh sí cothrom do stollaire bríomhar
Go brách ar siúl níor dhiúltaigh riamh é
Ar chnáimh a cúil 's a súilibh iata.
Ní thabharfadh sí preab le stailc mhíchuíosach,
Fobha mar chat nó sraic nó scríob air,
Acht í go léir 'na slaod chomh sínte
Taobh ar thaobh 's a géag ina thimpeall
Ó scéal go scéal ag bréagadh a smaointe
Béal ar bhéal is ag méaracht síos air. – Go raibh maith agaibh.

BEAN: Go raibh maith agat féin, a chuid. (*Blaiseann sí den fhíon.*)
Agus éad, níor luaigh mé an t-éad, na tochtaí buile agus éada...

Mo chumha, mo chrá, ba bhreá sin éad
Ar lúbaire láidir lánmhear léadmhar,
Shantach sháiteach shásta sheasmhach,
Ramsach ráflach rábach rabairneach,
Lascaire luaimneach, cuartóir coimseach,
Balcaire buan nó buailteoir bríomhar,
Acht seanduine seanda cranda créimeach,
Feamaire fann is feam gan féile!

AOIBHEALL: Im thuairim féin, rinne tú foighne mhór leis. Bhfuil a
fhios agat (*leis AN mBÁILLE*), tá an fuisce seo ag rith tríom ar
nós Smithwicks.

BÁILLE: Sos beag bídeach!

*Imíonn AOIBHEALL. An fhoireann ag ligean a scíthe. Agus An
CINSIRE agus SIR HENRY ag caint le chéile.*

CINSIRE: Sir Henry.

SIR HENRY: A Chinsire.

CINSIRE: I don't quite know how to put this... I... it's... how to state... a state unaccustomed...

SIR HENRY: 'As you are to public speaking'. A Chinsire, take a runnin' lep at it, as my Keeper of the Kennels is wont to say.

CINSIRE: I believe I'm falling in love with Her Majesty.

SIR HENRY: You and a thousand others. A Chinsire, she possesses the comether to a remarkable degree.

CINSIRE: Comither.

SIR HENRY: Comether, comither, come hither, go tither, the tether, a Chinsire, the tether, you look and you're tethered. I should warn you; I've seen her drive men to madness.

CINSIRE: I don't care.

SIR HENRY: Famous first words.

CINSIRE: What am I to do, Sir Henry? There's a meeting of The Censorship Board tomorrow at noon.

SIR HENRY: Send your regrets. 'The Censor regrets'!

CINSIRE: The Taoiseach. He'll go ballistic!

SIR HENRY: A Chinsire.

CINSIRE: Sir Henry?

SIR HENRY: Did you ever hear what the statue of Orpheus said to the Poet?

CINSIRE: Statue of Orpheus?

SIR HENRY: Said... To the Poet... This was long ago... but it holds good... Five little words... 'You must change your life.'

CINSIRE: Change my life?

SIR HENRY: Go for it. I've been there. 'Age cannot wither, nor custom stale, her infinite variety.'

Tá AOIBHEALL ar ais linn. Tá AN BHEAN réidh ag clár na mionn.

BEAN: Táimidne anseo inniu ag diospóireacht faoin ngrá. Tá cúrsaí gnéasacha faoi scrúdú: an leaba uaigneach, an leaba mhacnasach. Ceist agam oraibh:

Cad do bheir scaoilte ó chuibhreach céile
In eaglais sinsir suim na cléire?

*Seasann AN SAGART. Tá sé thar a bheith cuiditheach. Seolann AN
BÁILLE ar paráid é.*

BEAN: Nach bocht an radharc do mhaighdin ghrámhar

Toirt is taibhse a mbaill 's a mbreátha,

Bloscadh a n-aghaidh is soilse a ngáire,

Corp is coim is toill ar táimhchrith,

Úireacht, áilleacht, bláth is óige,

Ramhadas cnámh is meáchant feola,

Martas trom is drom gan suaitheadh,

Neart gan dabhta is fonn gan fuaradh.

AOIBHEALL: Éist léi. Is ar éigean atá tú ag gabháil fhoinn, a thaisce,
ach tá cead agat, ambaiste, tá...

Earra agus ór chum ól is aoibhnis

Clúimh chum loighe – bhí mé ann, bhí! – Plúr is milseacht,

meidhir is fíonta – tá'n scéal agat, a mhaoineach! –

fuil is feoil iad!

BEAN: Cumha ní ghlacfainn le cafairí coillte,

Snámhairí galair ná searraigh gan soilse

Acht marlaí bodacha, tollairí tréana

I dtámhaíl chodlata is obair gan déanamh!

*Imíonn sí ó chlár na mionn. Láithreach bonn, tá AN SAGART ann
ina hionad.*

SAGART: A Shoilse is a phobal Dé, dar liomsa tá an scéala agaibh
cheana féin... Cás an tsagairt?

Is minic le bhur gcuimhne maíodh a dtréithe,

Is iomad a ngníomhartha fíorghlic féithe,

Is minic do chuala sibh ar fuaid na tíre

Siosarnach luath dá lua go líonmhar

Is chonairc sibh taibhseach roinnt dá ramsa

Is uimhir dá gcloinn ar shloinnte falsa...

Is é sin le rá, tá álbhach an tsagairt inár measc go fras is go
flúirseach, buíochas le Dia, is na Máithreacha...

AOIBHEALL: Is na béithe...

SAGART: Is na béithe... is na naoi mbéithe, fiú. San am céanna, san am
céanna, a Shoilse is a phobal Dé, déanta na firinne, is turraing
sa tír, an bhfuil sibh ag éisteacht liom?...

Is turraing sa tír chum díth na mbéithe

Ar cuireadh gan bhrí dhon síolrach naofa.

AOIBHEALL: Anois! Éist leis sin!

SAGART: Níos mó, níos mó...

Is dealamh an diachair dianghort d'Éire

Ar chailleamair riamh le riail gan éifeacht!

SIR HENRY: True for you, Padre, let them off the leash!

CINSIRE: Rome has spoken. The matter's settled. Rome has spoken,
hasn't she? He, I mean.

BRÍD: Ná habair é!

SAGART: Fágaim fúdsa, a chnú na céille,

Fáth na cúise is cumha na cléire,

Aithris ós cuimhin leat caint na bhfáidhe

Is abstail an Rí ba bhíogthach ráite,

Cá bhfuil na comhachta d'ordaigh an dúla

Is calcadh na feola i gcoróin na cumha seo?

Pól, dar liom, ní dúirt le héinne

An pósadh 'dhiúltadh acht drúis do shéanadh,

Scaradh led ghaol, dá mhéid do ghnaoi,

Agus ceangal led shaol is claobh led mhnaoi...

Tá an soiscéal agaibh anois. Cuir i bhfeidhm é. Go raibh maith
agaibh.

Gáir mholta dó, gan stad, gan staonadh.

GNÍOMH II, RADHARC III

Feictear AN BHEAN agus AN FILE chun tosaigh ar an stáitse. Beireann sise barróg airsean.

FILE: Cá bhfuil sé?

BEAN: D'athair? Anseo.

Anois, AN FILE ar strae sa spás. Ag éisteacht le rud éigin. Ar thóir rud éigin.

FILE: Tá eagla orm.

BEAN: Tuige?

FILE: Níl a fhios agam.

BEAN: Abair leat.

FILE: Níl aithne agam air.

BEAN: Ach beidh.

FILE: Tá fearg orm – agus tá fuacht ionam. Beireann an fuacht ar an teas ionam, an teas ar an bhfuacht. Le blianta, ní raibh agam ach ráflaí. D'athair ina fheirmeoir? Tá m'athairse ina ráfla. Cá bhfuil sé ina chónaí? Tá teach slachtmhar aige i mBaile na Ráflaí. Cuir síos dom ar d'athair. Bhuel, tá ráfláil bheag air, iontach an scéal é, go bhfuil sé ina fhear cineál ráflach. Cuir ainm air.

Glac d'am...Tá fearg orm freisin – is tá mé im shaineolaí ar ráflaí. Tabharfaidh mé scéal duit. Is é an t-aon scéal amháin atá agam, b'fhéidir an t-aon scéal amháin atá againn go léir. Tá caisleán ann, a thaisce, an caisleán is áille. Aithníonn tú ar an bpointe é agus beidh a fhios agat freisin go gcaithfidh tú é a bhaint amach. Níl a bhac ort ach rud amháin: tá an caisleán seo suite ar thaobh cnoic i dTír an Oighir. Más ea, caithfidh tú an t-oighear sin a leá. Tá obair chrua ag baint leis. Agus foighne.

FILE: An bhfuil a leithéid de rud agam?

BEAN: Beidh. Foighne, misneach, meanma, aimseoidh tú iad. Agus tiocfaidh an lá agus gan choinne feicfidh tú an t-oighear sin ag leá.

FILE: Bhí an scéal sin agaṭ le blianta fada.

BEAN: Le tamall anuas.

FILE: Choinnigh tú siar é.

BEAN: Choinníos. Tagann an nóiméad.

FILE: A Mhamaí.

BEAN: A Mhac.

FILE: Is ait an bhean tú.

BEAN: Tá sé sin ráite go forleathan, déanta na fírinne, ach ar shlí éigin oireann sé dom. Is é an rud a tharla... ná... chonac an caisleán agus ón lá úd bhíos i mo bhé cineál ait.

Feictear AN FILE arís ag spaisteoireacht sa spás.

FILE: (*Ag béicigh*) A Ráfla! A Ráfla! An bhfuil tú ann? An bhfuil tú in ann mé a chloisteáil? Rá-á-á-á-fla... Tusa a bhíonns ag ráfla is ag déanamh spóirt, ar nós an smólaigh i mbarr na dtor, tar isteach. Táimid ag fanacht leat anseo. Tar isteach. Ceap do shuaimhneas. Bí ag caint linn. Abair amhrán, b'fhéidir. Éist liom, a Ráfla, tá tú ar foluain ansin os ár gcionn agus tá fonn orm bheith ag caint leat, fonn orm ainm a chur ort, fonn orm amharc idir an dá shúil ort. Tuirling, a Ráfla. Tar isteach.

BEAN: Chuile sheans go bhfuil siad uile scaipthe.

FILE: Níl gíog astu.

BEAN: Éist leis an gciúnas.

FILE: Is cuma ann nó as iad.

BEAN: Níos mó le déanamh agat?

FILE: Tiocfaimid ar ais amárach. Téanam, téanam...

BEAN: Do thaibhreamh, a mhac. Coinnigh leis.

Feictear AN LEANNÁN SÍ. Tagann sí i láthair na beirte gan fhios dóibh. Feictear í ag cogarnaíl i gcluas AN FHILE. Imíonn sí.

FILE: Ar chuala tú sin?

BEAN: D'osna?

FILE: Chuala...

BEAN: Do chroí ar chrandaí bogadaí?

FILE: Éan ag canadh, mura bhfuil breall orm.

BEAN: Céirseach? Fuiseog? Dreoilín?

FILE: Ní fheadar. Ach bhí ceol ann. Taibhreamh laistigh de mo thaibhreamh?

BEAN: Sin é! Bíonn siad ar nós boscaí Síneacha.

FILE: Agus sa bhosca deireanach? Li Po?

BEAN: Agus a sheanmháthair!

FILE: Tá triúr san áireamh?

BEAN: Tá. Sna scéalta tagann siad ina dtriúir.

FILE: Is táimid ar snámh sna scéalta.

BEAN: Tá, go macnasach, fiú. An Fear Leighis agam, mo Shagart, is mo Sir Henry: tá siad mar atá siad is níl siad gan locht. Tugann na lochtanna téagar dóibh. Tabhair dom tréithe an athar ab fhearr leat. Tabhair dom pictiúr. An bhfuil ceann agat?

FILE: Tá. Agus níl.

BEAN: Tabhair dom é.

FILE: Táim ag feitheamh le fear a bheadh in ann an fhírinne a thabhairt dom faoin gcaisleán sin a luaigh tú, mar shampla. A leagan den eachtra sin. Fear agus scéal le feiceáil ina aghaidh. Teas an ghrá ina shúil aige. Fear a shiúil go leor. Fear agus rian do láimhe air. Táim ag feitheamh le fear a shiúlfaidh isteach sa teach le – 'Shiúlas mo ród. Bhí sé romham. Ní raibh de rogha agam ach é a shiúl'. Agus, is ar éigean a rinne mé dearmad air, caithfidh sé a bheith in ann amhráin a ghabháil.

Cloistear AOIBHEALL agus na daoine eile ag teacht ar ais.

FILE: An bhfuil tú i ngrá leis?

BEAN: Le d'athair? Níl. Bhíos. Agus beidh dlúthchaidreamh agam leis i gcónaí.

FILE: An bhfuil tú i ngrá le haon duine acu?

BEAN: Cinnte dearfa.

FILE: Agus an duine eile?

BEAN: An ceann eile? Tá sé... Tá sé ann. Tá sé ann, a chroí. Ar bhealach éigin...

GNÍOMH II, RADHARC IV

*An fhoireann uile i láthair. Feictear AN SEANDUINE in aice leis
AN bhFILE, ag croitheadh láimhe leis, agus, sin déanta, ag
imeacht – de réir cosúlachta. Athraíonn sé a intinn, tá sé ar ais
linn. Caithfidh sé lámh a chroitheadh le hAOIBHEALL agus leis
AN mBÁILLE. Imíonn sé, le bualadh bos ón bhfoireann uile.*

AOIBHEALL: Rinne sé a dhícheall, an créatúr.

*Rithim nua anois. Tá AN BÁILLE á stiúradh. Socraíonn sí AN
FEAR LEIGHIS, AN SAGART, agus SIR HENRY le chéile. Cuireann sí
ainmneacha sa hata. Tarraingíonn BRÍD na hainmneacha
amach. Is é AN FEAR LEIGHIS an chéad iarrthóir. Anois tá AN
BHEAN agus AN FEAR LEIGHIS le feiceáil ag damhsa go geanúil
le chéile.*

BEAN: Tá cead agat focal amháin a rá.

FEAR LEIGHIS: Focal amháin?

BEAN: Focal amháin.

FEAR LEIGHIS: Ach, táimse an-chainteach...

BEAN: Abair leat. Focal amháin.

FEAR LEIGHIS: Tá tú gan trócaire... Aduain!

BEAN: 'Aduain'?

FEAR LEIGHIS: Aduain.

*Aithrisíonn an fhoireann uile an focal go ceolmhar arís agus arís
eile.*

BEAN: A mhac, tar i leith.

Láithreach bonn, tagann AN FILE ina láthair.

BEAN: (*leis AN bhFEAR LEIGHIS*) Cuir do lámh ar a ghualainn.

*Ach cheana féin tá AN FILE, a lámh faoi smig AN FHIR LEIGHIS, á
scrúdú go géar. Agus é sin déanta, cuireann AN FEAR LEIGHIS a
lámha ar ghuaillí AN FHILE.*

BEAN: Go raibh maith agaibh.

Seal AN tSAGAIRT anois. Ar an bpointe, cloistear monabhar cainte.

BÁILLE: Bígí in bhur dtost! Ní sorcas atá againn anseo.

Feictear AN BHEAN agus AN SAGART ag damhsa le chéile. Is léir go bhfuil an bheirt go huile agus go hiomlán i ngrá le chéile.

BEAN: Scéal nua ar bith agat?

SAGART: Tá. Chuile lá.

BEAN: Tú á rá?

SAGART: Scéal nua, is buíochas le Dia...

BEAN: Is na Máithreacha...

SAGART: Is na béithe...

BEAN: Is Naomh Pól, fiú...

SAGART: Scéal nua, agus an scéal céanna.

BEAN: Tabhair dom an scéal rúnda seo.

Muirníonn AN SAGART a haghaidh, a beola. Feictear AN SEANDUINE arís ar imeall an imill.

SAGART: Dúirt éinín liom agus is fíor dó: Tá aithne aige uirthi...

'Eascraíonn draíocht a haghaidhe

As béal beagáinín oscailte

Faoi mar a bheadh sí

Ar tí focal a rá...

Nó as béal beagáinín dúnta

Faoi mar a bheadh sí tar éis

Gaoth an fhocail a lúbadh

Thart ar do chnámha...'

BEAN: Mealltach an scéal é. Casadh ort éinín?

SAGART: Nó sionnach geal.

BEAN: Nó breac.

SAGART: Agus fuaireas an scéal sin faoi d'aghaidh. Níor athraíos focal.

BEAN: A mhac, tar i leith. (*Leis AN SAGART*) Cuir do lámh ar a ghualainn.

Arís, níl AN FILE cúlánta. Tá greim aige ar lámha AN tSAGAIRT, agus é á scrúdú, a dhá shúil sáite iontu. Ina dhiaidh sin cuireann AN SAGART a lámh ar ghualainn AN FHILE.

BEAN: Go raibh maith agaibh.

Seal SIR HENRY anois. AN BHEAN is SIR HENRY ag babhtáil póg, ag gáire, ag cogarnaíl le chéile.

BEAN: Tusa is mise is eireaball na muice.

SIR HENRY: What in God's name does that mean?

BEAN: There y'are now.

SIR HENRY: Surely it means something?

BEAN: Tá's ag an dtalamh ós é atá balbh.

SIR HENRY: That's what it means?

BEAN: 'They went by the ford and I went by the stepping-stones'.

SIR HENRY: 'They were drowned and I came safe.' Got you that time, didn't I?

Feictear an bheirt ag damhsa le chéile. Is léir dúinn go bhfuil siad ar shlí éigin ag damhsa san aimsir chaite. Méadaíonn an blas sin. Tá an bheirt os ár gcomhair amach i dtámhnéal. Ag damhsa ina gcodladh, fiú. Feictear imní ar an lucht féachana. Buaileann AN BÁILLE a máilléad ar an mbord. Dúisíonn an bheirt acu.

BEAN: Gabh mo leithscéal. Tar i leith, a mhac. (*Le SIR HENRY*) Do lámh air, a stór.

Déanann SIR HENRY iarracht a lámh a chur ar ghualainn AN FHILE ach níl cead aige. Ó gach uile threo scrúdaíonn AN FILE SIR HENRY. Leagann sé lámh air anois is arís. Tá an teannas eatarthu sofheicthe agus ag méadú. Arís, déanann SIR HENRY iarracht a lámh a chur ar ghualainn AN FHILE. Arís níl cead aige agus anois de phreab tá an bheirt ag iomrascáil le chéile go fíochmhar. Tá fonn ar AN gCINSIRE iad a scaradh.

BÁILLE: Bí i do shuí!

Tar éis an bhabhta iomrascála, an bharróg.

GNÍOMH II, RADHARC V

SIR HENRY is AN FILE ina suí le chéile, agus ag ól fiona.

FILE: Cá raibh tú?

SIR HENRY: Everywhere. A lot of time abroad. Wandering.

FILE: Ag saighdiúireacht. Ar son?

SIR HENRY: Ar son?

FILE: 'On behalf of' –

SIR HENRY: Tuigim, tuigim... Ar son na síochána.

FILE: Ar éirigh leat?

SIR HENRY: Very seldom. Swords and guns are made, it seems, to let blood.

FILE: An raibh tú i d'amhas?

SIR HENRY: Was I a... ?

FILE: A mercenary.

SIR HENRY: Call it that.

FILE: Tá tú dubh dóite de.

SIR HENRY: I've had my bellyful.

FILE: Do thaistealsa ag críochnú. Mo thaistealsa ag tosnú.

Tá uaireadóir ag SIR HENRY. Tá an slabhra le feiceáil agus é ag glioscarnach agus tá AN FILE ag cur spéise ann. Tugann SIR HENRY dó é. Scrúdaíonn AN FILE é. Coinníonn sé ar bogarnach é, anois mar luascadán.

FILE: Luascadán agus crandaí bogadaí. Crandaí bogadaí agus luascadán.

SIR HENRY: The start of a poem? Leatsa an t-uaireadóir.

FILE: Ní rabhas á iarraidh ort.

SIR HENRY: It's yours. Agus fáilte.

FILE: Togha fir. (*AN FILE ag spaisteoireacht thart anois.*) Abair leat
faoi mo mháthair.

SIR HENRY: 'There was sport at your making.'

FILE: 'Why brand they us with bastard

Who in the lusty stealth of nature take

More composition and fierce quality

Than doth, within a dull, stale, tired bed

Go to the creating a whole tribe of fops

Got between sleep and waking...'

SIR HENRY: I saw her through a hawthorn hedge one day. It was the
haymaking. One look and I was caught. A bit more sensitivity
and I'd have fainted. We met. We ate and drank together. I sent
her away two or three times. I don't know why. Because she
was out of my understanding, perhaps. 'Why do you send me
away?' 'Níl a fhios agam beo.' Eventually – it didn't take long,
I can tell you – she just walked into the house in the middle of
the night, up the stairs, into my room, undressed, and lay beside
me. I opened my eyes. 'Tusa,' I said.

FILE: 'Mise is tusa,' adúirt sí, 'is is fada go maidin.' Cuireann tú
ionadh orm.

SIR HENRY: Why so?

FILE: Is ait an focal 'athair' i mo bhéal.

SIR HENRY: Tabhair dom do scéalsa, a mhac.

FILE: Níl ceann agam fós ach feicfimid linn. Caithfidh mé rud áirithe a
dhéanamh agus caithfidh mé a bheith cinnte de. Caithfidh mé
an t-oighear a leá chun an caisleán a bhaint amach. Rud eile, níl
an caisleán feicthe agam fós, fiú. Ach tá sé agam mar... mar
chreideamh. Mar bhrat. Mar lasair, lasair choille, lasair choille
dhochloíte, abair. Ar chraobh in aice liom. Agus déanfaidh sé
sin cúis, seal tamaill. An raibh tú ann? An bhfaca tú é, an
caisleán sin, agus tú ag taisteal na dtíortha?

SIR HENRY: I did see it. Once. I would have been about your age at the
time. I was standing at the front gate. Between me and the
house was the lawn, as usual. A peacock or two. Deck chairs.

Buttercups on the fringe. Suddenly, the lawn was bisected by a
ribbon of water that led straight to the house. But the house had
vanished. The castle was there instead. It was white,
shimmering white. I've never seen anything more beautiful.
Turrets and towers, the windows mullioned, and an open door
called you to enter. It vanished. I wept to see it fade.

FILE: Ar inis tú an scéal sin di?

SIR HENRY: D'inis.

FILE: Cad dúirt sí?

SIR HENRY: Thug sí flaspóg dom... atá ag rith i m'fhuil fós.

FILE: Tú i ngrá léi fós?

SIR HENRY: No room in me for any other soul but she. Give me
something would you?

FILE: Rud éigin?

SIR HENRY: Put something in my hands, a mhac.

*Cuardaíonn AN FILE a phócaí. Faigheann sé sliogán álainn.
Tugann sé do SIR HENRY é.*

FILE: Bhí sé agam mar ortha, ach is leatsa anois é. Bhuaileas le
Manannán mac Lir ar ball ar an gcladach. B'iontach an radharc
é, a sheaicéad de shliogáin, an treabhsar mar an gcéanna,
trumpa sliogáin ina lámh aige. Níor bhog sé méar. Líon an
ciúnas. Gan choinne – aoibh an gháire air – mhuirnigh sé an
trumpa agus ar seisean 'Ar mhaith leat é a chloisteáil?'

SIR HENRY: What'd you say to that bold invitation?

FILE: Bhíos ansin i mo staic. Thit mé as mo sheasamh. Nuair a
dhúisíos, bhíos im aonar. (*Tá an codladh ag teacht ar AN
bhFILE agus é ag caint agus ag caint leis féin. Tagann AN
BHEAN agus imíonn SIR HENRY léi.*) An t-ionadh sin a bhí orm
fút – tá sé ag laghdú. Tá focal ag seinm i mo chluas faoi
m'athair. Focal nó mír nó nóta nó macalla. Nó luascadán agus
crandaí bogadaí. Bhí fear ann uair amháin darbh ainm
'Luascadán' agus bhí leannán luí aige darbh ainm 'Crandaí
Bogadaí'. Is bhí cat acu darbh ainm 'Pól'. Is bhí an cat seo
chomh mór, chomh mór le lao deoil is chomh geal le sneachta,

le sneachta (*Tá AN FILE i sorm suain.*) na haon oíche, tá cead
agam a rá. Agus...

GNÍOMH II, RADHARC VI

Feictear AN LEANNÁN SÍ ag damhsa timpeall AN FHILE. Tá sé ina chodladh ach is cuma. Agus an damhsa thart, tosaíonn sí ag áilteoireacht leis. Tá cleite aici. Leis an gcleite, ciglíonn sí a chluas, a mhalaí, a shrón. Cloistear sraoth ón gCeoltóir.

Iarracht a dó: tá AN FILE ina chodladh fós.

Iarracht a trí: ina chodladh fós. Caitheann sí an cleite uaithi. Ar an bpointe, cloistear sraoth allta ón bhfoireann uile agus ansin 'Dia linn, Dia linn', ar nós liodáin. Cuireann AN LEANNÁN SÍ cluiche nua ar siúl. Ag obair go faichilleach, scaoileann sí iallacha bróige AN FHILE agus an chéad rud eile, tá a chuid stocaí agus a chuid bróg uirthi féin agus í ag pramsáil ar nós spéirmhná ar catwalk.

An cameo *sin thart (cheapfá go bhfuil dearmad déanta aici ar AN bhFILE), leagann sí a súil ar bhuidéal fíona. Tart uirthi, slogann sí ón mbuidéal. Ar feadh nóiméid, as claochlú draíochtúil, tá Marlene Dietrich os ár gcomhair. Arís, druideann sí i leith AN FHILE. Feictear AN CINSIRE agus BRÍD 'ag dul abhaile.' Tá AN CINSIRE ar meisce agus tá BRÍD ag tabhairt cúnaimh dó.*

CINSIRE: (*Ag canadh*) Do leagas mo lámh uirthi go béasach

    Ó bhun a stays go dtí barr a troighe,

    Is in aghaidh gach stáire go ndéinfinn léi dhi

    Go bpógfainn a béilín tláth arís...

Feiceann BRÍD AN FILE, agus is léir dúinn go bhfuil sí ag titim i ngrá leis, fiú agus í ar a bealach uainn. Tugann sí póg dó, póg éadrom, ach luchtaithe. Imíonn BRÍD agus AN CINSIRE, tromdhrogall ar BHRÍD bhocht.

CINSIRE: (*Ag canadh*) Nuair a fuaireas-sa dhom gur ghéill sí

    Mo chroí do léim mar an éan ar chraobh

Trí lár mo smaoinimh ach gur dhúisigh néal mé
Is de chumha ina diaidh siúd, ní mhairfead mí...

Tá AN FILE ina chodladh fós, AN LEANNÁN SÍ in aice leis.
Leagann sí a súil ar fhón AN CHINSIRE, agus tosaíonn sí ag
súgradh leis, monabhar cainte le cloisteáil uaithi. Tá ceist ann
faoi cheann an chorda: cá bhfuil an áit cheart dó? Beartaíonn sí
'Mo décolletage'. Agus cuireann sí ansin é.

Dúisíonn AN FILE. Breathnaíonn sé ar na cosa nochta agus
ansin ar AN LEANNÁN SÍ. Tairgíonn sí an glacadán dó...

CRÍOCH

Drámaí eile a d'fhoilsigh COIS LIFE:

Milseog an tSamhraidh *agus* **Dún na mBan Trí Thine**
Éilís Ní Dhuibhne
1 901176 04 5
1997 *Bogchlúdach* £6

Fear an Tae
Liam Ó Muirthile
1 901176 11 8
1999 *Bogchlúdach* £6.99

Caoineadh Airt Uí Laoghaire
Tom Mac Intyre
1 901176 12 6
1999 *Bogchlúdach* £6.99